U0098263

小短腿來了！

三鐵一姐 李筱瑜的鐵人之路

Here Comes

Shiao-Yu Li

李筱瑜、陳惠君 著

目次

推薦序　她的眼神，散發著炙熱的鐵人魂！／千葉智雄　005
序　看見她從草原那一邊過來／陳惠君　007
序　痛苦與寧靜的總和／李筱瑜　011
1 出發　018
一場安靜的儀式／這怪胎，全班跑第一／喜歡一個人的存在／我怎麼不能動了？／廢人，活著有什麼意思？／一個重新站起來的夢

2 起跑線 —— 046

大膽一點，黑白人生變彩色／重返豔陽下……怎麼那麼熱啊！／第一次三鐵賽就……咦？／二十九歲，才當鐵人三項國手

3 我是 Ironman！ —— 072

給你十七個小時，你可以跑多遠？／想看見更好的自己／先打掃，才練功／和世界冠軍 Macca 一起練習！／游上岸，冷到躺在地上／一邊跑，一邊拉肚子／安娘喂，我的主場之戰／狂風中，地表上最難鐵人賽／遇強則強，遇關就闖／滂沱雨勢中，大狂追

4 練習曲 —— 124

上坡容易下坡難／電線桿下的約定／北宜路上沒路燈！／辛苦又甜蜜的大漠之行／每一公里，都有著選手的故事／身體裡，有一個熱愛跑步的靈魂／爬到快升天／探索自己的極限／我的六塊肌

5 低潮，是迎向高潮的起點 —— 160

起點的最後一名／別小看落後的自己／你不堅強，沒人替你勇敢／這，就叫臥虎藏龍！／謝謝教練，但我還想再繼續比賽／既然想跑，就認真地跑！／全宇宙都來幫你……／只要願意，平凡的人也可以創造歷史／小短腿大逆襲，衝進夏威夷

6 Finish Line —— 204

Empty Your Mind!／是你們，讓我可以超越自己

7 分享會 —— 222

後記　人生就像一場永無止盡的修行 —— 250

推薦序

她的眼神，散發著炙熱的鐵人魂！

千葉智雄

第一次見到Jenny（李筱瑜）時，老實說我心裡想：「現在才要開始轉做職業選手是OK的嗎？」當時她到沖繩第一次集訓時，游泳騎車跑步三項都有落差，必須重頭修正調整，Jenny的職業選手之路就是這樣開始起步的。

雖然在沖繩完成辛苦的受訓，但回去之後的訓練也不是很順利，更在後來的自行車訓練時不幸地遇上交通意外。隔年又回到沖繩集訓，Jenny明顯體能下滑很多。這次集訓的最後一晚，我們吃飯時聊了很多，看見淚流滿面的她，我心裡想：「一定要幫助她變強！」

在那之後Jenny的辛苦有了美好的成果，每次見面都覺得她變成越來越強大的鐵人三項選手！今年她在北海道三連霸，我感到相當的興奮和驕傲！我很欣賞她比賽時的眼神——散發著炙熱的鐵人魂！

目前日本沒有選手能晉級 IRONMAN 夏威夷世界總決賽，因此我希望日本選手能多多學習 Jenny 不斷努力的身影！

「同心協力進軍 IRONMAN 夏威夷世界總決賽！」是我們六個人：Jenny、Tammy（姊姊李筱娟）、Trisha（陳惠君導演）、我、Chiharu（我的太太），和 Keiko（田中敬子選手）一開始在沖繩所許下的共同夢想。現在不但已經發展成代表台灣進軍世界的夢想，也擴大成所有日本和全亞洲支持者的夢想。

我們會在日本沖繩聲援 Jenny 打進國際最高賽事的第一步！

真的很高興認識 Jenny。

千葉智雄（Tomoo Chiba），日本知名鐵人三項教練，日本 GO-YA Team 三鐵訓練學院創辦人。

序

看見她從草原那一邊過來

陳惠君（Trisha Chen）

原本只是想，就是一個喜歡挑戰自己的運動員，這有什麼？後來發現，原來走出comfort zone（舒適區），挑戰自己的極限，真是生命中最勇敢的一件事。

原本只是想，就是幫個忙，替這個運動員處理一些事，輕而易舉，難不倒我。後來發現，這個忙，意味著每天都有很多大小事情要處理；這個忙，需要對人有極大的信心、包容、忍耐，以及書上所寫的各種美德；這個忙，和筱瑜的信仰一樣，需要堅持與不放棄的毅力才行。

原本只是想，拍一部關於她的紀錄片來分享這樣精采的故事。後來發現，此人生命高低潮起伏跌宕，真該為她寫一本書——一本可以在每個人心裡播放回味、電影般的書。

於是，透過筱瑜口述、我的訪問，我們一點一滴回溯記錄過往。一開始很不順利，因為運動選手們往往惜字如金。但更多的相處、更多共同經歷、更深刻了解彼此內心不同層次的感受，讓我體驗到一場扎實且寶貴的書寫經驗。

成書的過程，謝謝筱瑜對我身為「文青」的肯定和無比的信任，也教導示範我許多專業獨到的運動知識和技巧。感激小小團隊的另一員大將、筱瑜的姊姊兼教練李筱娟，一起為著筱瑜的事情勞心費力。謝謝我的家人，他們總是放任並鼓勵我去做我覺得有趣的事情。謝謝早安財經主編黃秀如小姐、行銷部陳威豪先生和其他組員，透過他們的協助和指導，這本書才能以最專業嚴謹的姿態呈現。

感謝我的好友，知名女攝影師王嘉菲，從去年開始她自己也正著手創作一本深具意義的攝影集。我們在不同地方，一起經歷書寫、記錄、創作的旅程，互相鼓勵，難姊難妹，本書的封面和部分內頁照片，也是由她幫忙拍攝。還有Sonia劉雅君小姐，這些年給我許多中肯誠實的建議。李筱瑜官方後援會的裴雷哥、朱尚懌小姐以及其他眾家姊妹們的義氣相挺，讓我終於一氣呵成，完成此書。

最後要謝謝我的母親陳邱明惠女士，感謝母親讓我承接了她說故事的天賦和專長。擔任李筱瑜的經紀人和寫書的前後過程中，雖然很悲慟地經歷她的生病和過世，但她用她這一世的溫暖智慧和肉身的離開，教導我用幽默機智看待萬物萬事，對人懷抱信心與希望。

「小短腿」是我和李筱娟教練，在蒙古登山車賽時為她取的綽號。當時透過鏡頭看見她在大漠穹蒼之下，形單影隻，兩條腿奮力踩動，好短好認真好可愛。每當我們站在山坡上，看著筱瑜從草原的那一方努力騎過來，就會跳起來大喊：「小短腿加油！李筱瑜加油！」聲音迴盪飄散在風中，牧草飛浪，羊隻點點，唯有選手一人篤定依然向前，越來越近。好像一生的縮影。

希望透過這本書，可以激起你生命中堅毅專注、不怕困難挑戰的信念和勇氣。小短腿雖然短，但是強而有力，小短腿雖然看起來不起眼，但卻蘊藏無限能量！這樣的潛能和特質，我深深相信，也存在於每一個人的身上！

二〇一五年九月 寫於台北

Ziv
DWD

序

痛苦與寧靜的總和

聆聽自己身體的聲音

李筱瑜

我的生活本來很簡單，教學、訓練、比賽、吃吃喝喝出去玩，從來沒想到我可以用我的生命激勵別人。所以二〇一三年接到 TED TAIPEI 的邀請，要在第一屆的 TED WOMAN 演講，我一開始沒什麼感覺，但導演建議我去講，她說反正時間很短，只有十八分鐘，一下子就講完了，很輕鬆。所以我就答應了。

但真的到準備的時候，我就發現我被她騙了。

我從小就不多話，小時候老師還跟我媽說我是自閉症，就算長大之後在職場，我的話也不多。說說搞笑好玩的，還可以講多一些，但很多事情，我覺得大家觀念彼此不同，生活經驗也有差異，用說的很難解釋清楚。而且我常常說話太直，怕會得罪別人，索性閉嘴比較好。默默地去跑步、練習還更自在，久而久之，說話的技巧、邏輯等等，就更不是我的強項了。

為了這場演講，我們有時候會一直練習到晚上，導演還用了各種方法幫我，我則是頭皮都快摳破了，還是一樣講得二二六六。我曾經一度想放棄，好想跟導演說，可以不要去講了，放我去跑步嗎？跑一百公里都比準備演講輕鬆。

後來導演想到一個點子，可以幫我舒緩緊張情緒：讓我在台上騎車。於是，我演講的開場，是在燈光全暗下踩著計時車，然後越踩越快，輪子轉動的聲音也越來越大，接著我慢慢減速、下車，走到台前。

這時燈光全亮，面對台下密密麻麻好幾百人，我不緊張才有鬼，但我深呼了一口氣，告訴自己：就當這裡是起跑點，全力開跑吧！

聽說那場演講還可以，預定十分鐘，結果我還是講了十八分鐘。很多人在粉絲頁留言，說很受感動（我明明就一直搞笑啊……）。也有企業看見當天實況，邀請我去演講。慢慢的，我發現能透過各種方式傳遞生命經驗和正面力量，是很難得的機會。除了演講，還有這本書。

不是「不可能」，只是你想避開痛苦而已

我一直在走著一條大家都說不可能完成的道路。是辛苦，是艱難，是很多關要闖，是很多障礙沒錯，但話說回來，哪一個夢想的堅持是輕鬆的呢？

除了完成晉級世界排名前三十五，進入超鐵世界總決賽和各國高手比賽，我還想繼續努力，繼續進步，希望有機會可以成為世界 Top 10。

「不可能吧？台灣人怎麼有可能？女生耶？世界 Top 10 耶……」也許很多人心底會這麼想。

但，不去嘗試，怎麼知道不可能？當初二〇一〇年我想要晉級參加世界總決賽時，也沒花太多時間去想怎麼做，或是去想能不能做得到。我就是去做，不管有多困難或是痛苦。

我發現，很多時候我們之所以會說「不可能」，往往都來自於想要避開痛苦。

過去演講時我最常被問的問題之一，就是當我癱瘓不能動、訓練撞牆、低潮、遇到挫折時，我都怎麼度過的？換言之，我是怎麼處理痛苦的？

首先，是身體的痛苦。我的建議是：必須學會和它相處。畢竟，訓練的時候，

身體哪一天不痠痛、不發炎發燙、不痛苦？但一旦你忍過去，就會開始習慣，會發現你身體的承受力增強了。

還有比賽，過程中當然很痛苦，那是一定的，很多人在非常痛苦的時候，會選擇放棄，但我不一樣。我會看著前方的選手，心裡想：他比我快，比我強，一定是比我承受更大的痛苦，如果我現在能激發出更多的力量，承受比他更多的痛苦，我就可以追上他！而且，他能夠在我前面，代表著他平常一定比我經歷更高強度、更痛苦的訓練，既然他可以承受，我憑什麼無法承受更大的痛苦？

他們可以，我一定也可以！

就算這次超越不了，沒關係，我回去再練、再調整，再超越自己的極限，再去面對承受更巨大的煎熬。這一來，我就會更強。這也許要歸功於那次的癱瘓意外，才激發出我對於承受痛苦的這種正面態度。對現在的我來說，痛苦就是我最好的訓練夥伴。

當你跨越了這個痛苦的障礙，不止是身體，你連心理的素質都會隨著增強。相反的，若在痛苦的時候停下來，可能就永遠跨越不了。

我在日本移地訓練時，也看見了不同選手面對痛苦的方式。當時，教練請我們做間歇訓練，日本長距離鐵人三項一姐 Keiko 用盡全力訓練，總共六趟間歇，她有四趟都是一跨過終點就直接趴在地上。我原本想過去安慰她，但我很快就發現，教練看到趴在地上的她之後，反應是轉過頭去不再看。於是我明白了，這是選手自己要承受的磨練。果然緊接著進行下一趟，Keiko 二話不說繼續再來，然後又趴倒在地上，然後又再來，沒有放棄！

當你不輕言放棄，一旦撐過，就會越來越強，就能成就各種可能。想成為頂尖選手，甚至是在每一個領域成為頂尖的人，我想，一定都要有這種堅持。我要強調的是，痛苦並不都是負面的，善用痛苦的來臨和折磨，你會啟動身體更大的潛能。

別給自己太多噪音，好好聆聽身體的聲音

我常聽到有人說：「我也好想跑步，但一直沒時間。」「我現在膝蓋如何如何，腰如何如何……」接下來又講了好多想運動卻沒運動的理由。我聽了，都無言了。

當下行動，找出方法解決吧。今天不解決，一兩年以後，我猜想你還是用一樣的理由推託，而身體狀況只會更爛，人只會更懶。看看那些身障人士或是年紀很大

的選手，他們是怎麼完成二二六公里三鐵賽的？我們不過是這裡或那裡不舒服，就一直擺爛不行動，不是很可惜嗎？

每個人的身體狀況，不全都得靠醫生才能解決，我們必須自己去找方法測試、理解原因，好好照顧它，並透過訓練和保養，讓它更強壯更健康。當然，每個人都有各自合適的方式，不一定要 follow 誰的方式才行。

就像我們北風團一起騎車，通常騎了一百多公里之後，會下來跑九公里。我每次都喘得半死，呼吸聲超大，其他人都以為我爆了。一般人喘成這樣，或者看到錶上的數據，都想說爆了爆了，大部分的人都不會再跑，可是因為我很了解我的身體，對於這種痛苦太熟悉，知道如何可以適應調整，所以我會從中汲取能量，堅持下去，最後我都會拉回來，而且更有力量去刷過別人。

很多人也問我，要如何做，才能達到像我目前的成績？

我的答案很簡單，沒有別的法門，就是「訓練、訓練、再訓練」。

尤其是長距離的比賽，沒有什麼快速的捷徑。「台上一分鐘，台下十年功。」天底下有不用艱苦訓練就能進步的方式嗎？若是有，我也想知道。

所以，別問我如何避免痛苦。痛苦是一定會有的，唯一的方法，就是吞下去。

吞下去，讓自己變得更進步、更堅強、更有力量。

當然，對於心裡的痛苦和低潮，我覺得只能靠自己去化解。別人可以給我們一些很好的意見，但要不要走出來，還是掌握在我們自己手上。

不要讓腦子給自己太多噪音，也不要讓身體的痛苦阻攔更大的進步。只要允許身體和心靈的力量透過訓練達到平衡寧靜，它們就會合作無間，激發連你自己都驚訝的潛能！

好好運用痛苦，忍耐堅持，醞釀出想達成的無限可能吧！

1 出發

從癱瘓到可以再次跑步，我告訴自己，要好好善用這個奇蹟，才不會辜負老天讓我有機會重新出發的美意。

一場安靜的儀式

執意出發、不願回頭的決心

清脆的鬧鐘音樂，在黑暗中響起。翻身看了一下手機，凌晨四點。空氣中的一絲冷冽沁入鼻腔、直搗肺葉，我忍不住大聲咳嗽起來。

這是念北體時，在游泳池打工的後遺症。當時為了維護游泳池清潔，我定期都要撒氯粉，在封閉的游泳池工作半年之後，肺葉受到損傷，開始一直連續咳嗽，咳到連覺也睡不著，連吃西藥都控制不了，西醫還開中藥給我調養。後來，我雖然離開了泳池的工作，卻帶著習慣性氣喘的宿疾，支氣管很容易發炎。有時候，在比較冷的氣溫下比賽，剛開始時都還會咳個不停。通常要等到比賽開始，身體慢慢發熱，咳嗽的狀況才會減緩。似乎到了比賽開始瀕臨痛苦的階段，身體也就忘記了咳嗽。

下了床，床邊早就排列好今早要帶的裝備：水鏡、泳帽、防寒衣……看見它們安靜地躺著，彷彿也緩慢地調息，準備在接下來的幾個小時裡燃燒殆盡，和我一起。

洗把臉，抬起頭來看著鏡中的自己，我的模樣這些年來是有點改變了。從年輕的一臉頑皮到現在，我好像在自己臉上看到了幾分滄桑。

下巴有個很淡的疤痕，那是二〇一三年十月某一天在台北郊區練車時弄傷的。那天傍晚回家行經汐止，我依著綠燈直行，突然被對面一台急速左轉的摩托車撞倒，當時我整個人往前飛，下巴撞地，頸部也受到撞擊。

急診室的醫生匆忙地幫我縫起傷口，還一邊問我會不會痛。

「不會！」

我一點都不痛。我只是氣。

我好氣自己的身體，再次受到這樣的折磨！濕冷的柏油路面痛擊的不只是我的臉，還有我的心情，就像身邊那台硬生生被撞到扭曲的車架。縫完針，我一個人裹在醫院的被子裡，等著姊姊和經紀人陳惠君導演從台北市區趕來。坐在急診室冷冷的塑膠椅上，我感覺自己就像一頭受傷的野獸，兩眼散發出來的是忿恨和抱怨。

因為這一撞，我的訓練計畫不得不完全中斷；因為這一撞，我想以職業選手的身分於兩年內進入 IRONMAN World Championship（超鐵世界總決賽）的世界排名之路，更是雪上加霜。

幾乎每次都這樣：一旦我決定出發，總會遇上重重阻礙。

儘管這麼多年來的風風雨雨，我早有心理準備，生命好像真的總有很多意想不到的難關，老天也好像真的不愛見我舒服過日子，一定要我歷經身心痛苦煎熬，磨練出披荊斬棘的功力才放我過關。

但我對自己說，沒人走過的道路，應該注定要傷痕累累的吧？

廚房傳來咖啡的香氣，荷包蛋在鍋子裡吱吱作響，導演正忙著弄早餐。我一邊走出房間一邊咳嗽著。

「還在咳喔？」導演輕聲說，眼神有一絲擔憂。我喝了一口黑咖啡。

「都準備好了？」姊姊面無表情地走過來。她通常對我說話都是這副表情。

「mmm...」我的臉好像也不會太好看。

我們沒有太多的交談，在這個二二六公里超鐵國際賽前的暗黑清晨。

導演和姊姊陪我一起出國比賽好多次了，她們迅速吃了一點早餐，很有默契地分頭著裝、檢查今日配合比賽所需的相機……等物品。這次很難得媽媽也來了，她在一旁看著我們，一如往常，並沒有多說什麼。

我總是默默地準備好自己，有時候，我們會安靜到彷彿即將參加某種神聖儀式。

畢竟，今天是我完成夢想、也是開創紀錄的重要日子。因為今天，是我的第一場職業組世界冠軍總決賽；也是史上頭一遭，我成為華人第一位職業選手進入世界排名前三十五名，晉級參加本年度職業組的最後決戰！鐵人三項運動雖然歷史悠久，但傑出選手幾乎都是白人的天下，亞洲人本來就不容易嶄露頭角，而我以黃皮膚、黑眼睛的小短腿之姿，在成為職業選手第三年就衝進總決賽，表示亞洲人的實力也是日益增強。

從當年一個人出發，我創下了好多連我自己都覺得不可能的紀錄：台灣第一位晉級世界總決賽三次，並獲得世界前三名的業餘組選手；接著又不怕死的成為台灣第一位職業女子鐵人三項選手，拿到四次職業組冠軍。然而，我更立志年度積分可以進入職業組世界排名前三十五名，以職業組身分再次回到夏威夷 Kona，參加世界冠軍總決賽。倘若接下來的金援經費許可，我還要讓自己更進步，衝破更苦更難的關卡，晉級世界 Top 10。

很多朋友問我，不就是運動嘛，搞成這樣會不會太辛苦了？當然會！

但每當面對辛苦，我心裡往往生起一種信念，那就是善用生命的每一寸力量！

要活，就活得精采漂亮；要走，就走一條不一樣的路。當你一旦經驗生命可以從死蔭的谷底不斷爬升、不斷超越的那種勇氣和巨大能量時，你就會明白我執意出發、不願回頭的決心。

這怪胎，全班跑第一

沉默的童年

導演開著車，載著我們往比賽的集合點靠近。路上的車燈，在黑暗中慢慢匯集成一條燈河，似乎正默默趕往一場神祕的聚會。

坐在車上的我，思緒卻飛回到自己的過去：我是怎麼一步步踏上這場神祕聚會之路的？

人生前半段，我對什麼目標啦、生涯規畫啦等等這些，跟很多人一樣，是完全沒半點概念的。

我小時候身體不太好，六歲之前，我甚至沒有辦法念幼稚園，因為我常常肚子痛，尤其是太陽下山之後，我就會開始莫名奇妙地發燒，怎麼醫都醫不好。爸媽因為工作關係，只好帶著我去工地，他們無奈地把我放在一邊，然後就要趕緊工作。

我只好自己一個人在附近山坡跑來跑去，看看花、玩玩含羞草、摘野莓吃（還好沒中毒）、看看鳥、抓抓壁虎，看著陽光穿透樹林……覺得孤單，但是也發現了某種屬於叫做自由的樂趣。

爸爸以前當過海軍，所以很喜歡假日的時候帶著媽媽、姊姊和我去海邊玩。我記得每次到了海邊，我就會往前一直跑一直跑，聽著海浪雄厚的音頻夾雜著他們從遠方呼喚我的聲音。有時候爸爸會在半夜搖我起床，陪他一起去釣魚，我的眼睛幾乎都睜不開了，卻還是默默地跟著他。通常我會在船裡昏睡到清晨，看見黎明的陽光照在爸爸釣上魚的笑臉。

船在水裡晃呀晃，寧靜又安詳。爸爸沒有和我們在一起很久，就生病過世了。

進了小學，因為完全適應不良，我也不太講話，老師和媽媽都懷疑我是不是得了自閉症。我常常在附近的山裡一個人亂逛，爬樹拿彈弓打小鳥，抓人家養的雞，有時會和鄰居去曾文水庫釣魚、釣青蛙。那段時光，老師同學應該都覺得我是腦筋有問題的怪胎，但老實說，大部分的時間，我其實玩得還滿開心的。

也許是那段在山裡面亂跑亂玩的日子，我的身體似乎漸漸強壯了。

四年級一堂體育課的短距離測驗，從此扭轉了我的童年。

在這之前，媽媽偶爾會帶著我在附近的操場跑步。我一開始跑不贏她，心裡想，怎麼會追不上媽媽，所以總是盡量加快腳步，希望有一天能追上媽媽。

沒想到，四年級那次的六十公尺跑步測驗，我竟然跑出全班第一。當時，我也搞不清楚為什麼跑這麼快，反正，老師一吹哨子，我就往前衝。到了終點我回頭一看，「ㄟ，怎麼大家都還在後面跑？」

從那一刻起，我從自閉症的怪胎，變成班上的風雲人物。因為，大家突然開始對「跑得很快的李筱瑜」有了點興趣，便開始跟我講話，體育老師們也開始想要找我去參加田徑隊、游泳隊等等。

當時，我姊是游泳校隊，我常看著她隨著不同的比賽去外縣市到處玩，覺得加入校隊就可以到處旅行真好，所以也很認真考慮進校隊。不過那時候我的第一志願，其實是加入籃球隊，我偷偷用零用錢買了一顆籃球，自己練習投籃，一心想去考籃球隊。

這件事不知怎麼被我姊知道了（我猜想是她籃球隊的朋友跟她報馬），有一天她走到我的房裡問我：「你想去籃球隊喔？」我低著頭沒說話。姊姊說：「你身高不夠，不要去籃球隊啦，一起去參加游泳隊吧！」我雖然覺得自己不算太矮，但的確也沒姊姊那麼高，既然連她都不選籃球了，我也跟著打消念頭。

我姊後來說，她之所以不建議我選籃球隊，是因為籃球隊比較容易受傷，而且要團體戰，牽涉到很多人際關係，我的孤僻個性肯定不適應。游泳是最沒有運動傷害的項目，而且是看個人成績，只要自己好好練就可以了，所以她自己後來選了游泳隊。她當時是學校裡的運動明星，一堆教練想培養她，既然我也想進校隊，那就一起選游泳吧。

就這樣，我開始了每天早上五點半在泳池訓練的日子，每天先練一個半小時才能開始上課，下午四點半又開始練習，一直練到七點半。而如果沒游到預定目標，七點半還得繼續罰游到八點。寒暑假時，我一吃完晚飯，還會去跑步跑到十點多。

訓練期間，難免會被修理。差一秒，教練就會用水管打一下——對，沒記錯，是水管！那個年代還是體罰至上，差兩秒，打兩下。我倒是對教練這樣的要求沒什麼意見，逼著自己一定要游到那個標準。小時候的我就很有志氣吧？哈哈！總之，挨打我是無所謂，我只是不想被看扁，所以咬了牙拚了全力都要游到成績！

那時候，只要有時間，我還會偷偷用泳池的器材練重訓。經過密集訓練之後的我，食量大增，早餐都可以吃五、六個麵包。不過，通常在比賽前夕，訓練量整個拉高時，我回到家，全身痠痛得根本就爬不上樓，整個人掛在樓梯上好久好久，才能走到樓上的房間。

五年級，我除了參加游泳比賽，大都是拿到第二名。因為，那時候有個對手是秀朗國小的，真是太優秀啦，我怎麼練都贏不了她。除此之外，我還被外借到田徑組，參加全台南國小運動會，拿到接力賽、兩百公尺短跑、跳遠賽等的金牌。

當時的游泳教練王澤聰老師，雖然很凶很嚴厲，但是訓練的方式很好，不會一直操我們，不是那種以量充數的訓練方式，而是比較有效率的訓練原則。所以我們當時新營國小游泳隊是全台灣練得最少、但成績最好的校隊，出了好幾個破全國紀錄的學姊學長。而他當時對於許多運動科學的教導，譬如紅肌白肌等，雖然我有聽沒有懂，但這些當時算是先進的運動知識，卻對於在幾年後發生嚴重車禍的我，受用無窮。

喜歡一個人的存在

發現自己可以承受孤單

上國中之後，我沒有繼續游泳校隊的生活。一來是因為我自己脾氣不太好，常跟當時的教練頂嘴；二來我也想看看其他沒有練體育的學生都在做什麼，所以我選擇了美術班，開始學畫畫。

有一度，我曾經想回去游泳隊，但因為先前是自己說要離開的，所以也不好意思再向教練開口。有一天，我悄悄回去看他們，坐在泳池旁看著隊員們練習。偌大的泳池迴盪著熟悉的打水聲和哨音，一來一回一來一回。我看著教練和隊員彼此更有默契地進行著訓練，自己儼然已是個局外人了。坐了一會兒，我站起來低著頭走出泳池，打消了回游泳隊的念頭。

從此以後，我再也沒有游過泳。下一次游泳，是我十八歲進入台北體專之後的事了。

雖然沒有參加游泳隊，但我幾乎每一天，依然維持五點半早起的習慣，然後開始跑步。下課後就跑去打乒乓球，我們是用學校涼亭的石桌充當乒乓球桌，上面排列著小石頭當作中線來玩。我也喜歡打籃球（矮子對籃球還真是有著無比的熱情啊！），但是到了國二，因為每次午餐時間打籃球都要打到敲鐘才用跑百米的速度奔回教室，被認為破壞校園的寧靜和諧，常常被教務主任罰站，加上不愛念書，老師也反對我們打籃球。

這一來，我更覺得煩悶，所以就開始蹺課。中午跑去家裡旁邊的田徑場睡大頭覺，稍晚常常有一個跑得很快的阿伯會來田徑場練習，我就跟著他在後面跑。以前是跟著媽媽跑，現在跟著一個阿伯跑。我看著他沿著跑道不斷前進的背影，穿越隨風飄逝的枯葉，穿越在一旁喧鬧打球的孩子，穿越飛揚的塵土……我什麼也不用想，就只是盯著他的背影默默地跟在後面跑著跑著，流了好多汗，整個人比較舒服，心情也好很多。

後來，我幾乎每天都在傍晚時的操場等他出現，遠遠地跟著他跑。經過一陣子，我從遠遠跟著他到可以近距離跟住他，又過了一陣子，阿伯突然轉頭說：「妹妹，你出來帶！」就這樣，隨著風，我在那個黃昏的操場，往前越跑越快……

那年的中秋節，我參加了一次路跑比賽，當時，還有幾個台南很厲害的高中田徑隊女生。起跑之後，我也不知哪根筋不對，反正就一直緊跟著第一集團，最後還衝刺，搞得她們喘得半死。最後到了終點，贏得了第二，那些高中女生一臉驚嚇，畢竟我看起來完全不是「道上的」——不是混田徑隊，又長得矮矮的，反正就是一個普通國中生的樣子。裁判是我們學校的老師，看我跑進終點時說：「我還以為是誰咧，跑得跟田徑隊一樣快？」我聽了心裡有些不是滋味，不過當時我的確是學校老師眼裡常常蹺課的問題學生，也沒教練幫我，所以可能不算是個咖吧。

但啊，那又怎樣？反正我拿了第二！

喜滋滋地領了獎金，我買了一雙 Nike 復刻版的球鞋，我依然印象深刻，因為那是我的第一雙慢跑鞋！鞋面是綠色的，側邊有著白色的 Nike 勾勾。穿著它跑步，我覺得雙腳變得好輕好輕，可能之前都穿著比較厚重的籃球鞋，所以穿上慢跑鞋，跑著跑著整個人好像要飛起來耶！那是我第一次體會鞋子能讓跑步更輕鬆的經驗。

國中三個年頭，我應該有一半時間都沒有在學校裡。我會偷偷騎著姊姊的摩托車在省道上飆速（後來她的車被我撞到電線桿而報銷了）；也偷偷學抽菸，然後咳嗽（警語：抽菸有害健康）；一個人在鐵道旁發呆，在河堤旁看著河水嘩啦嘩啦地流。有時太無聊，想著也許這樣死掉也沒什麼不好。

不過我更常做的事，是在田徑場一圈又一圈地跑，沒有表情地移動雙腳，冒著汗喘著氣，甚至乾脆從老家新營跑去鹽水，越跑越遠。

迎著風往前跨越一寸寸的土地，我逃離煩悶的學校生活，同時用喘氣感受心臟依然跳動的自己，彷彿生命還有些什麼值得眷戀。

當時的我已經發現，自己可以承受孤單；自己可以一個人，存在著。

我怎麼不能動了？

第一次長跑就車禍

從國中勉強畢業之後，我進了後壁高中的美工科，繼續我的文藝青年路線。高一的時候住宿舍，早上五點多就會起床，然後偷偷翻牆出去，為什麼呢？沒為什麼，就是想出去跑跑，跑過稻田，跑過公路，跑到迷路，往往升旗了才回到學校。

「鑰匙拿去！」有一次舍監發現了，居然不是斥責我，反而給了我一把宿舍的鑰匙，讓我不用翻牆就可以自己打開宿舍鐵門出去跑步。但老實說，看著手中的鑰匙，我卻有點失落——自此之後，刺激感消失了，我反而不怎麼清晨出去跑了。

上課，真是挺無聊的，就是一直畫畫或是其他美工課程的學習。高中時我變得比較開朗，常常和同學打屁聊天。「李筱瑜你來這間教室畫，你太愛聊天了！」有時候我實在太聒噪，老師會把我隔離在另一間教室裡畫畫，免得影響別人。那時候的我，彷彿褪下了年幼時的自閉，腦子好像也比較開竅，成績也慢慢變好，開展了一段活潑調皮的青春。

甚至，我會偷偷跑出學校，快下課時才回來。接著大約下午五點多，我又開始在操場跑啊跑。

放假時，我會從後壁跑回新營的家裡，由後壁，經過白河，接著新營，都是跑省公路。過了一陣子，我覺得學校的晚餐伙食很難吃，乾脆不繳晚餐的錢，下午五點多下課，我就直接跑回新營的家裡吃晚飯，吃完晚飯又跑回後壁，算算來回大概十四公里吧。

有次我姊打電話給我，劈頭就問：「啊你怎麼都沒去上課？」

「哪有，我都有去上課。」自從父親過世之後，我媽就到高雄工作，大我四歲的姊姊又考上文化體育系北上念書，留我一個人在台南瞎晃。我姊相當擔心我又蹺課，無法完成學業。

「我朋友說你都在省公路上跑步……」原來，我跑在路上時被姊姊的朋友看見，以為我在外面亂晃。

「我就在新營跟學校來回跑啊。」

「頭殼壞去……」這應該是姊姊心底的ＯＳ。不過她也沒阻止我，只要我有去上課她就安心了。

這條省公路上有一家雜貨店，有一次，我又一如往常跑過雜貨店。老闆是個歐吉桑，他悠哉地搖著扇子翹腳坐在門口乘涼，看見我又再度跑過店門前，突然開口喊我：「喂，你那麼愛跑，謀去報名比賽好了……」我一整個嚇到，拔腿跑得更快離開現場。

報名比賽這種事，我從來沒主動想過。

高一的我，雖然是美工科，但是有回學校舉辦運動會，我被派去參加，竟然打破了八百公尺的紀錄，轟動全校！我記得那次領到兩千元的獎金，請同學在福利社大吃特吃。後來有足球隊和排球隊想吸收我，我雖然心動過，但玩了一下下，感覺不是自己想要的，不了了之。之後也沒有想要參加其他比賽，純粹就是愛跑！

對我來說，沒流些汗，一整天就怪怪的。

高三上學期有一天放假，我坐著公車去嘉義找朋友。天飄著雨，氣溫不是太高，公車一路顛簸駛入一片灰濛。我靠著窗戶，看著熟悉的稻田、樓房、電線桿、廣告招牌一一閃過。這時，前方有人正在跑步，我猛然把臉貼到窗上，緊盯著這些跑步的人，不太一樣，他們背後和胸前都別著號碼。

那是我第一次看到路跑比賽。

「哇，原來可以這樣跑這段路，不然我也來跑跑看。」我望著他們越來越遠的身影，心裡暗暗下了這個決定。

放了寒假，記得是過年，我決定沿著省公路跑到嘉義試試看。

穿上短褲和風衣，我興奮地跳下家裡窄窄的樓梯，開了門，深呼一口氣，有點涼意，非常適合跑步的溫度。我開始了我第一次的長跑。

往嘉義的省公路上，會有一條岔路，一條是往省公路繼續跑，一條是往白河，我慢慢接近岔路，清晨的霧氣有些濃厚，但是視線都還算清楚。

這條路我並不陌生，甚至還在這條路上幫助過一個人。不久之前，我騎摩托車經過這裡，看見一個人不知為何被撞倒在地，趴在哪兒一動也不動。我看看不太對勁，趕忙火速騎到學校找公用電話叫救護車，然後又趕快騎回路口等救護車來。

因為曾在這個岔路口親眼目睹車禍，我還特別小心別跑在路中央，一步一步穩定地沿著路邊前進。

突然間，沒有任何預警，背和臀部遭到一個很強大的力道撞擊。「碰！」強大到，我頓時失去意識。

廢人，活著有什麼意思？

我的癱瘓歲月

一睜開眼，我看見的不是天空或是路面，是白色天花板，四周圍是吵雜的說話聲。雖然頭很暈，但我漸漸意識到這是在醫院。

「啊……」不是痛，是生氣，是惱怒。一把火從胃熊熊升起，已經躺在醫院急診室裡的我，不是難過，而是非常、非常生氣，為什麼有人會撞我？

醫生過來做了一些檢查，叫我嘗試動動看。這時我才發現，身體左半邊全沒了知覺，大半邊的身體也無法動彈。

舅舅和醫生在一旁似乎快吵了起來。

「她的骨頭沒有斷……」醫生說。

「那為什麼不能動？」舅舅質疑。

「這個……可能是壓迫到神經……」

「那要怎麼治療？」舅舅問。

「這個……因為骨頭沒有斷，醫院這裡就沒有太多可以做的，可能要復健吧……」

「那會好嗎？」舅舅又問。

「這個，就是看個人的狀況……」

因為我的外傷只有手肘縫了幾針，醫生對於我不能動的狀況也沒什麼對策。就算需要復健，以我們的家境，也不可能讓我長期待在醫院治療。所以，我躺在擔架上，被救護車載到台北八里當時我媽媽住的地方——就是自己看著辦的意思吧。

後來我得知，當時撞我的，是一位騎著摩托車巡田的阿伯。據說是霧氣太重，所以他才沒看見我。但我印象中，那個時候的能見度很正常，並沒有伸手不見五指的霧啊？總之，他撞到我之後自己也飛出去，還斷了肋骨，受傷也挺嚴重的，就想說算了，沒深究下去。

被莫名其妙地載到八里家中，我躺在床上，兩眼發直地看著天花板，想著自己不能動是要怎麼辦？我才十七歲耶……為什麼老天要讓我碰到這種意外？

我還是有嘗試著想動，但只要一點點移動，從脊椎就會有無比巨大的刺痛發散開來，衝到我的腦門和四肢末梢，「啊！痛！」眼淚不斷被逼出來。

幾乎，每一天每一天我都在哭。

是不是以後我就要坐輪椅一輩子？是不是以後只能坐著輪椅，在街頭賣口香糖、玉蘭花了？是不是我這輩子就這樣毀了？

我的左半邊，是完全沒有知覺的，右半邊又被痛覺整個占滿。我看著自己的身體，被前所未見的黑暗吞噬。

也許，不要活了？不能走不能跑，廢人一個，這樣活著，有什麼意思？

我不禁這樣想。常常。

媽媽曾經請過一位師傅來幫我推拿，看看有沒有效，但只是弄得我更痛，沒有什麼起色。

好長一段時間，我就這樣癱在床上，上廁所要人幫忙，而且會爆痛，弄得滿臉是淚和鼻涕。接著，因為我只能躺著什麼都不能做，就只能吃，胡亂吃的結果，也變得越來越胖。

又爛、又胖、又醜的十七歲。

一個重新站起來的夢

學會與痛苦為伴

十七歲車禍之後，真的萬念俱灰。

為了要測試我的神經系統，我曾經偷偷地把左手無名指和小指放在滾燙的熱水中，兩根手指又紅又腫，還燙出了大水泡。我把水泡一一弄破，看見裡面的紅紅肉，我擠擠壓壓那些肉。

一點感覺都沒有。

看著受傷卻沒絲毫痛覺的手指，我不禁想：是不是整個神經都壞死了？是不是沒救了？

可是，別的部位還是感受得到劇烈的疼痛啊，這表示部分神經還會傳達訊息，並不是整個癱瘓。我告訴自己，既然其他部位還會痛，那應該有救才對。

若是有得救，那我必須想辦法救自己。

心底有一種不服輸的怒氣，不甘心自己的人生，就在此畫下句點。

我想起國小游泳教練教過我們一些有關肌肉的常識：動，很重要。所以不管如何痛，我要開始動，才不會肌肉萎縮，我一定要開始動，才不會一直停在原點。我一定要開始動，否則最後就真的不能動了。

我嘗試每天都動一點點，從手伸出去遠一些開始。雖然每次一動，就像指甲一個個被拔掉一樣，從身體的底層開始狂烈地抽痛。我一邊動，一邊鬼吼似的大叫，還好家裡大部分時間都沒有人。然後趁著身體適應疼痛之後，又再往前挪一公分，然後又是嘶吼淚奔一番，感覺脊椎有尖銳的鐵線從腰椎往下往上穿刺，痛感瞬間輻射到臀部和大腿後側，往上直衝頭頂的百會穴。

就這樣，我每天體驗著巨大的疼痛，直到氣若游絲。我喘著氣，看著自己的手腳似乎能一次伸到更遠的床沿了，心裡浮出一種應該是朝著正確方向走的一點點希望和安慰。

「我的腳，有一天可以再度踩在地上嗎？」有時候哭累了，自我放棄地像個植物人看著電視，仍這樣幻想著。

疼痛無所不在，在我醒的時候陪伴我，甚至在睡夢中也會突然出現。

「哼，你就這點能耐？」我開始有了想要挑戰痛苦的決心。

所以，我又嘗試移動更多。雖然更痛，更是狂亂吼叫一番，奇妙的是，我的身體似乎適應了這樣的疼痛，肌肉反而開始有力氣了。

有一天，我用盡力氣撐起上半身，竟然憑著自己的力量坐了起來！我很訝異自己有這樣的進步，但不知為什麼，我沒有跟我媽說，只是想，既然可以坐，離站應該不遠了。

接下來幾天，我把雙腳試著挪到床下，第一次自己試著把腳底放平在地面。雖然還是很痛，但是心情很興奮，我想試著站起來，但還沒有太多力氣。

每一天，我重複一樣的事情，移動上半身，痛。

努力坐起來，又痛。

移動下半身，還是痛。

挪到床邊，下床，一整個痛。

人的身體真的很奇妙，當你習慣了疼痛的陪伴，疼痛就似乎開始越來越淡、越來越輕了。最後，我竟然可以把腳放在地上，用大腿和手的力量撐起身體，然後我開始站。雖然仍是痛，但是站起來的無比喜悅給了我更多信心訓練自己走路，我慢慢地一步一步，小心翼翼地走，每一步都彷彿是我第一次學走路。

有一天，媽媽回來看見我自己坐在沙發看電視，然後站了起來。我想當時的她應該被大大地嚇一跳吧……（哈哈）

就這樣，我從不能動，到現在可以去世界許多地方比賽征戰，創造紀錄。

很多人問我，如何辦到的？我只能說，經歷了這樣的意外，讓年輕的我提早領教了疼痛的特質和身體所能發揮的潛力。這段苦難教會我：疼痛雖然猛烈，但若是一直「怕痛」，一直躲避它，我們就會被痛所控制，對自己的身體和心靈都會失去信心，最後只能被痛苦帶著往黑暗裡走。

我跳出了黑暗，我學習認識自己的身體，習慣自己的身體，並運用心和智慧一步一步掌控自己的身體。

就像學衝浪一樣，當你一次又一次地面對著迎面而來的巨浪，漸漸你會發現浪起的前兆，漸漸你會發現如何運用力氣划水，漸漸你會學會在被浪擊倒時如何放鬆身體，漸漸你會學會在準確的時間用雙腿和全身的力量站起來。最後，你會學到如何馳騁在浪頭上，超越痛苦的障礙，讓自己成為更勇敢、更強壯的個體。

對於這個車禍意外，也許是老天的眷顧，也許是祖先的福蔭，也許是靈魂的安排，十七歲的我不知為何生出了源源不絕的勇氣，選擇為自己堅持下去。當煩憂心碎、滿臉淚水過後，未來的我，竟然有能力繼續超越命運中更多更大的限制，創造往前奔跑不間斷的人生……

真是有福氣，我的十七歲。

從癱瘓到可以再次跑步，我告訴自己，要好好善用這個奇蹟，才不會辜負老天讓我有機會重新出發的美意。

起跑線

等一下就要比賽了，我卻在組裝愛車時，赫然發現固定龍頭的長長螺絲，不，見，了！我開始狂滴汗！難道我的第一場三鐵，就這樣無功而返？我左思右想，突然看到一雙免洗筷……

大膽一點，黑白人生變彩色

第一次聽到「三鐵」

「等一下再去找你喔！」

車子開到了集合點，我抓了東西趕緊跳下車。後面的交管嗶嗶地催促車輛依序前進，導演一邊把車子開離，一邊從車窗裡大喊著。

大型國際比賽的現場都有交通管制，加上觀眾與選手眾多，有時候在這裡一分開，也不知何時才會相遇。

我要先去號碼轉印區，然後去T1轉運站補放一些游泳後要換的車鞋等裝備。一旦進入賽場，一直到比賽結束，很多時候都是自己一個人了，頂多在部分返點時，能看到加油的親友與提點的教練。其他時間，我們都得靠自己調整和堅持。

You are on your own! 這，就是鐵人三項比賽的精神！能夠在戰場上獨立完成比賽的，才叫真鐵人。

由於是大型國際比賽，印號碼的帳篷中雖然有許多業餘組的選手很興奮地邊排隊邊聊天，但是職業選手之間，通常有一股沉靜的肅殺之氣。我看著工作人員在我的手臂寫上三位數的號碼，覺得來自台灣的我能以職業選手的身分參賽，突然心頭上有一點點說不出來是光榮還是感動。

今日，這個號碼將代表我過去所有的訓練，邁向終線。我深深地吸了一口氣，回想起踏入鐵人三項的機緣。

最早知道「三鐵」一詞，是我從北體畢業後在圓山飯店的健身房擔任教練時。當時有一個老外經理的老婆，大概三十幾歲吧，她常常會去俱樂部跑步健身，身材相當結實。另一個教練告訴我，她是練鐵人三項的。

所謂的三鐵賽，包含了游泳、自行車與跑步三項運動。以奧運和亞運的三鐵項目來說，全程共有五一．五公里，其中包含游泳一．五公里、自行車四十公里，以及跑步十公里。

但那只是短距離的三鐵賽。由世界三項全能運動協會（World Triathlon Coroporation, WTC）所舉辦的 IRONMAN 巡迴三鐵賽，難度更高，都是一一三公里（你也許看到的是七〇．三這個數字，指的是英里）起跳，包含游泳一．九三公里、自行車九十公里，加上跑步二十一公里。

而所謂的「超鐵」，指的是全程長達二二六公里的比賽。你必須在開放水域先游三．八公里，游到全身鬆軟無力，上來之後還要飛奔到轉運站，換上車鞋，騎上自行車，不囉唆，來個一八〇公里吹吹風。騎到終點之後，當你的雙腿皆廢，能量用盡之後，再下車換雙步鞋跑個四十二公里的全馬。

喔，還有，這一切都要在十七小時之內完賽，而且每一個單項都有時間限制，超過時間就不能再比下一項了。這，就是令人匪夷所思的二二六公里超鐵賽！

「肖也！」當時我心裡想。

看著一個擺明不是什麼職業選手的女人表情嚴肅，毅力十足地幾乎天天照表操課，我心想，那種會練三鐵的人，應該都是腦筋怪怪的老外吧？年輕的我沒見過什麼世面，「三鐵」這兩個字，有好長一段時間完全從我腦袋裡消失。

在圓山健身房工作那一年，因為會員不多，平常沒什麼事情做，環境又很舒適，我整天在健身房跑步、騎車、使用各種訓練器材，還有蒸汽浴、烤箱等等。剛開始，真的很開心，覺得這份工作真爽。再加上對未來沒什麼特定目標，日子久了也就越發散漫，白天上班，晚上回家玩跳舞機、玩電動，玩到累就倒頭呼呼大睡。

一天過一天，就這樣虛晃快一年。突然，我覺得好膩……。感覺這種人生超級無聊，根本是退休族才會過的生活，而那一年，我才二十三歲。

有一天，在亞力山大健身俱樂部擔任教練的姊姊來圓山看我，她看看空無一人的健身房問我：「你在這兒幹嘛？」

「沒幹嘛啊，你看看，啊都沒人。」我說。

「加州要開了，你要不要去加州？」姐姐問我。

當時，加州健身中心準備進軍台灣，要招募第一代的種子教練，聽說可以學到很多新的東西。我一直對新的運動訓練和知識很有興趣，所以就決定先加入內部訓練，之後順利通過訓練階段，辭掉了圓山健身俱樂部教練一職，正式成為加州健身中心的第一批種子教練。

加州在台灣的企圖心很強，為了培育人才，舉辦了密集的內部訓練，都是引進國外的師資教導最新的訓練概念和體適能技巧。吼，那些老外真不是蓋的，講起課來生動有趣，我在那時所吸收的知識，感覺比在北體上課三年都還要多！除了學科、術科要上，還要學銷售技巧。對於從小就不多話的我，也是一個很大的挑戰。

自此之後，我的聊天內容除了「嗯……啊……」之外，似乎多了一兩句話可講。

在那段訓練期間，我又更進一步對於體能提升和運動科學有更新的認識，這對我日後參加各種比賽和三鐵賽的自我準備和掌控，奠定了深厚的基礎。

一開始，在加州當健身教練的工作是非常值得驕傲也非常有朝氣的（最早入會的讀者，應該都有同感）。加州健身房因為位於台北東區菁華地段，有全新的器材、最好的設施，每天都播放超 High 的流行音樂，出入的會員多屬藝人、模特兒、白領主管、貴婦等，儼然成為台北最時尚的社交場所。內部辦公室裡每個人都有自己的位子，也常常開會上課，檢討改進，更有效地幫會員設定目標和方法。看見會員們完成減重、雕塑身材等的夢想，我的生命除了健身、打混之外，有了一個可以幫助更多人的使命。

「終於找到方向了！」我對自己的工作感到充實，也很開心。

但是隨著公司越來越偏重銷售的策略，我每天中午就得開始 Personal Training（私人教練）的課程，幫會員做一對一的體能訓練，一直到晚上一、兩點。中間還要開會、賣課程，整個人變得很緊繃。我幾乎每天課程都排得滿滿的，下班通常都十二點以後了，為了宣洩壓力，下班就去打籃球，或是去夜店跳舞。

那段期間，錢是賺到了，但是眼睛一睜開，就是工作工作工作，然後用最後一點點的精力玩到掛，回到家倒在床上昏死。我教導會員如何重拾健康，自己卻也在那樣密集的工作和壓力中失去了自己的身心平衡。

後來，「有氧部」缺老師，我姊建議我轉當有氧老師，比較沒業績壓力。於是我白天再次接受培訓：Body Combat 拳擊有氧、Body Pump 槓鈴有氧、Spinning 飛輪，晚上再繼續教私人教練的課程。最後，我完全放掉一對一的私教課，變成一週教二十多堂課的有氧老師。

雖然沒有了業績壓力，但每一季都要背新的動作和音樂，每堂課都要聲嘶力竭地表現自己的活力和帶動上課氣氛，有時候還要處理一下會員之間的情緒問題，也是個不輕鬆的活兒。

這兩年多的時間，我徹底從一個懶散的社會新鮮人，變成了一個工作狂！就連休假，我也會跑回健身房鍛鍊，從來沒有出去旅行或是到台北以外的地方。漸漸的，在健身房一成不變的生活，令我感到極度躁鬱煩悶！

有一天半夜一點多，我一個人走在忠孝東路，看著馬路上來去匆匆的行人，街燈有氣無力地發散蒼白的光暈，想著過去這兩年多在工作上所瘋狂耗盡的時間、體力，突然覺得，緊繃的整個人鬆懈下來。我想，應該給自己喘口氣的機會，或者說，看看還有沒有其他的路可以嘗試。

不遠處的誠品書店依然亮著，於是我走了進去，逛啊逛的看到了一本書，就拿起書找了個地方坐下來讀。剛開始，翻沒幾頁我就睡著了，睡醒後我又繼續看。總之，是在頭有點昏沉的情況下陸陸續續看完的。但那本書，點燃了我對人生和運動更大的夢想！

那本書，是藍斯．阿姆斯壯（Lance Armstrong）的自傳《重返豔陽下》。阿姆斯壯是世界知名的環法賽自行車冠軍選手，書中描述他到達自行車手的顛峰時，發現自己罹患癌症，雖然痛苦難熬，但終究戰勝病魔，重返賽場，並且摘下環法賽冠軍的頭銜。我是因為看了那本書，才想明白一個其實說穿了很簡單的道理：「原來，只要願意去嘗試，人生可以活得這麼精采！」

十七歲那場近乎癱瘓的車禍後，我覺得我能再站起來跑步，就已經要偷笑了。一直以來，我並不認為我可以在運動競技上有什麼太了不起的成績。然而，讀了阿姆斯壯的故事，我心想，也許我應該來試試自己的能耐。

「你會游泳不是嗎？騎車跑步應該都不是問題，可以去玩玩三鐵啊！」就在這時，我腦海中想起一位同事不久前對我說的話。台灣的三鐵訓練和賽事發展雖然比國外慢，但當時也已經有協會開始辦鐵人三項五一．五公里短距離比賽。

於是我決定，給自己一個新的挑戰。

重返豔陽下……怎麼那麼熱啊！

五一・五澎湖鐵人三項錦標賽

結合游泳、自行車、馬拉松的「三鐵」，應該是難度頗高的運動比賽。在一位同事的鼓勵下，我報名人生第一次的三鐵，那是二〇〇二年在澎湖舉行的「五一・五澎湖鐵人三項錦標賽」。

報名後，我開始思索要如何準備，準備迎戰這場象徵著人生轉變的比賽。

游泳，只要一千五百公尺，雖然畢業後都沒有再練了，但我想以我以前在游泳校隊曾經猛練苦練的基礎，應該不難達成。跑步，因為都有持續在跑步機上訓練，應該也還ＯＫ。最需要練習的，應該是自行車吧！當時我雖然是Spinning飛輪老師（飛輪是室內固定式單車，是一種完全模仿戶外騎乘狀況來訓練體能的課程），但其實並沒有太多在戶外騎車的經驗。因此我決定給自己放個一週的假期，來個騎車環島之旅。

ㄟ，應該沒有人像我這麼神經，第一次長距離戶外騎車，就是騎環島吧？但我的想法是，如果我環島狀況ＯＫ，那就表示我戶外騎乘沒有問題，就可以參加當年在澎湖舉辦的五一．五三鐵賽。

二〇〇二年的四月下旬，我騎著車環島上路的第一天，中途休息的時候我碰到一個卡車司機。知道我要騎車環島，他一邊笑一邊說：「啊你是頭殼壞去，幹嘛不坐車？」

當時，台灣騎自行車的風潮還不盛行，更不要說騎車環島了。

一決定要環島，我馬上去買了一台登山車，然後打了電話給姊姊，說我要去騎自行車環島了。姊姊聽了沒說什麼，晚上到了我租的套房住處，遞給我一尊觀音像。我想，平常沒什麼頻繁往來也不多話的姊姊，應該是很替我擔心吧。

隔天清早，我穿著涼鞋、海灘褲和T恤，把乾糧和觀音像放進背包，就這樣上路了。現在回想起來，根本是一整個兩光，哪有人環島的配備那麼草率的？難怪卡車司機要酸我。大家可千萬不要學我，長途騎車還是要有完整的配備才比較安全喔！

原本有約了個朋友一起去，但是到了集合點……咦？人咧？等啊等，結果他還是沒有出現。我想，不能因為朋友爽約就取消計畫，於是毅然決然地頭也不回，開始我的一個人環島之旅。

一旦決定去做什麼，我就不囉唆，很快思考應該如何執行，然後立刻就去做了。我向來不喜歡在原地躊躇老半天，就算臨時出現新變數，我也不會因此就放棄原本的計畫——這是我漸漸發現的，自己還有這樣的內在特質。

一個人兩個輪，當然也可以快樂去環島！

我先坐車到蘇澳，然後由北海岸往花蓮騎。一路上，沒有太多便利商店可以補給，所以越騎越餓。正覺得速度漸漸放慢，經過一個隧道前，突然旁邊抽風口飛出一個可樂瓶，我眼睜睜地看著瓶子在空中翻滾，掉到地上又滾了兩圈。前後都沒有車子ㄋㄟ，也沒有人……哪來的可樂瓶啊？難道是嫌我騎太慢？我整個背脊發涼……

「我只是路過啦……」心裡大喊。「緊來走～」

兩隻腳發狂地猛踩穿越隧道。後來經過每個隧道，膽小的我都不敢自己騎過，非要等有車子經過時跟在旁邊猛踩。當時覺得隧道怎麼那麼多啊，一直騎不完，好像鬼打牆（無意間做了許多間歇訓練）。姊姊給的觀音像，繩子也莫名其妙的斷了，可能有幫我擋點煞吧。

也許就是這樣騎得飛快，一下子就到了花蓮，還去了花蓮南濱市場吃小吃、玩碰碰車，好像回到小時候一樣地玩耍著。倒是一點都不會累。

隔天清晨五點多，我就出發往台東前進。那麼早，路上沒什麼車子，沒有卡車的阻攔，我非常興奮，也因為起起伏伏有些坡度，我索性站起來一直抽車往前狂奔。隨著氣溫漸漸升高，碰到了台東著名的焚風，最後我整個人因為先前抽車暴衝又太悶熱，終於煞車停了下來。我把自行車丟在一旁，走到馬路邊的草地上，四肢攤開倒在草地上邊喘著氣。我看看前面，看看後面，路上沒有半個人，只聽到陣陣海浪拍打著岩石。

平常整天都泡在健身房冷氣中，現在卻躺在豔陽下，這豔陽會不會也太熱了點？戶外騎車真是辛勞啊～

下午三、四點，我坐船去綠島住一晚，一到了民宿，就放下背包去看夕陽，覺得景色真是優美，跟都市的紛擾截然不同。晚上，聽著陣陣蟲鳴與浪濤，我倍感興奮，決定騎車出去繞繞。儘管我知道鄉下地方人少，但沒想到會這麼少，少到幾乎碰不到半個人。加上沒幾盞路燈，我瞄了一下燈光照不到的路旁黑暗處，好像有什麼東西躲在裡頭，越想越毛，趕緊狂踩車子回到民宿，草草結束了原本想像中浪漫星空下的騎車夜遊。

民宿的歐吉桑老闆，對我很親切，陪我一起吃飯聊天，很溫馨的感覺。隔天天一亮，我才正式騎車環了綠島一趟，還去泡溫泉……

「真是很舒服的旅行啊！」這個放假的決定真是太讚了，我頓時覺得小確幸了起來！

回到台東後，算一算假期即將結束，要騎車到墾丁時間有點勉強，於是十萬火急地一路從港口狂抽車趕去搭火車。到了車站才知道要拆車才能上去，還好列車長後來看我滿頭大汗地拆車，就叫我直接上車……哎啊，甜蜜的度假心情怎麼一下子就消失啦？

終於，來到墾丁。墾丁是我阿母的故鄉，我很喜歡這個地方！事實上，誰不喜歡墾丁？好山好水，光是看著海與天光的變化，就足夠消磨一天了。

在北體的時候我曾經想，畢業後也可以回去墾丁當救生員，沒事玩玩衝浪。在圓山俱樂部工作時，我有一回自己去墾丁玩了三天，租了一塊衝浪板就下水。可能是有天分，租板子的老闆才教我一次，我就可以站起來衝浪了，而且玩得很自在。

我當時有點想留在墾丁，在海邊當救生員、玩衝浪，一整天與自然為伍，不用像在大城市要應付很多複雜的人事物。單純，是我覺得理想的生活境界。

但是，我那時候沒有太多勇氣改變現狀，最後還是回到台北繼續上班。這次回去墾丁，那裡平靜、簡單的生活又開始頻頻召喚，加上之前在台北搞得身心俱疲的狀態，我更加想留在墾丁。

但是，環島行程尚未結束，同志仍需努力。

騎到了高雄，我搭飛機去了一趟澎湖，勘查了一下兩週後要比賽的路線。心裡有了譜後，便趕快搭飛機回台北上班。帶著被曬傷的皮膚和小背包，穿著涼鞋的我，就這樣完成第一次的半個環島兼騎車訓練之旅。

從此以後，我有時會在過年時來個騎車環島，大部分是因為好玩，同行的是一位也練三鐵、綽號叫「鐵妹」的學妹黃佳君。大家一起騎著，無心插柳地做了些長距離的訓練。後來幾年的環島騎車，我大概都是花四到五天的時間完成，台灣的便利商店逐年越來越多，補給很方便，不用攜帶那麼多乾糧上路，行李上輕省了些。我個人還是喜歡蘇花公路—東海岸的路線，西岸省道的紅綠燈和車子很多，又一直是平路，踩著踩著很容易就睡著了……還是有點坡度的挑戰比較刺激！

不過，在台灣騎車環島的最大挑戰應該是氣候吧！

有兩次，過年很冷又下著雨，我和鐵妹還是毅然決然地出發！本來是很英雄式地出征，結果都被低溫打成卒仔……搥心肝的冷到爆！

一路騎，一面打哆嗦，視線又模糊……三字經都快噴出來了。不過我們還是有注意自己的體能和狀況（怕冷的我穿了好幾層小飛俠雨衣和機車用的雨衣），最後還是完成了風雨交加的環島之旅。

只能說，玩三鐵的人，還真的有些奇怪的特質。

攏係「肖也」～～

第一次三鐵賽就……咦？

螺絲不見了！安全帽忘了！

「老闆，我要買三鐵車！」一回到台北，我衝去車店，想買一台三鐵車來比賽。因為我家裡的登山車太重，不適合拿來比三鐵。

「這台可以啦！」老闆拿出一台車架尺寸ＸＬ，配上一七五齒腿的計時車。

「這可以？」我很狐疑。

「哎呀，痛幾次就習慣了，就這台啦。」是的，老闆真的這樣對我說。

當時台灣車店進的三鐵車尺寸和裝備非常少，根本就沒有給女生的相關配備，加上我個頭又「嬌小」。事實上，這個情況到現在還是如此，以我的身材能找到的車款並不多，可能大家都覺得愛運動的人應該都是手長腳長的吧，這算不算一種歧視啊？（鼻孔噴氣……）。此外，當年調整的技術也不精準，所以我牽了那台三鐵車騎了一趟到基隆，騎到半路腰就痠到爆。好不容易撐回台北，趕快再跟車店的員工借了一台黃色的TCR公路車，用我的 Nike 球鞋跟同事換了一雙車鞋，帶了一件運動背心和短褲就匆匆出發了。

搭機到了澎湖後，我打開託運的紙箱，裡面躺著拆解後的愛車，我趕緊把它組裝起來，卻赫然發現——固定龍頭的那根長長的……螺絲呢？遍尋不著後，才發現紙箱有個破洞，可能是在搬運時被戳破的，而螺絲，應該是滑出去了吧？

我開始狂滴汗，不是天氣太熱，而是受到大大驚嚇！那時候的澎湖，應該連自行車店都很少，這樣的零件，也不可能找到吧？但我等一下就要比賽，沒有螺絲鎖住龍頭，根本不可能比啊！難道我的第一場三鐵，就這樣無功而返？

不、可、以！（有回音的那一種）

我左思右想，突然看到一雙免洗筷……

我趕緊折斷免洗筷，把其中一截敲進了龍頭……扣扣扣！竟然剛剛好敲進去。

「Perfect！可以比賽了！」我內心吶喊。

牽著車子走出民宿，澎湖的湛藍天空真是太遼闊了，我為自己的機智和運氣感到相當得意，嘴角掛著微笑，準備再去試騎一下路線。可是，上路沒多久，看見其他的參賽者騎著車經過，又是一記悶棍打來：我發現，我和他們不太一樣耶。

他們都穿著標準配備，有車衣車鞋，還有安全帽。而我發現，溫和的海風吹過我的臉龐與髮梢，不知為何我的頭頂卻感覺陣陣涼意……

「啊對，我的安全帽呢？」這才發現，匆忙出發的我，竟然忘了帶自行車用的頭盔！這種頭盔，也是專業自行車店才有賣的，在澎湖人生地不熟，去哪兒生出一頂？我一邊騎，一邊心慌意亂地想，想著想著，騎過一個工地，看見工人們頭上都戴著黃色的……安全盔，咦？

「其實，黃色的安全盔和我的黃色車架還挺相配的呢！」我真的無法再奢求什麼了。趕緊衝進工地，跟工人情商借了一頂工地用的頭盔，繼續上路前往賽場。

就這樣，我終於參加了生平第一場五一．五鐵人錦標賽。

那場比賽側風很大，但是體力上卻沒有太大的壓力，最後我跑著跑著進了終點線，也沒有人喊什麼加油，也沒有衝線的激情，一切都好安靜。我心想：「啊……就這樣喔？」

我默默收拾一下，去領了便當來吃，吃著吃著，突然聽見大會主持人興奮地喊：「女子組冠軍要回來了！」

正要吞下的白飯在喉嚨突然卡住，我心想：「啊……那我是該算第幾？」

放下手中美味的便當，趕快跑去問問到底是怎麼了。原來，因為我是第一次參加標鐵，算是一匹黑馬（咦？），所以根本沒有人認識我，大會也不認為會有女生速度那麼快；而且我當時肌肉練得很精壯結實，又加上環島騎車曬得皮膚黝黑，導致跑進終點時的身影被誤認是男子選手（烏鴉飛過……）。

就這樣，第一次比三鐵，在插著衛生筷的三鐵車和工地帽的加持下，我「默默」拿了冠軍；男女總排名還是前十二，比賽的成績是二小時三十八分，我還記得。

「女子組總冠軍……李筱瑜。」這是我第一次被人家這麼稱呼，但是上台領了冠軍獎盃，似乎也沒有特別開心。左看右看其他選手，我心想，也許真正的強手都沒出來比，所以暗自決定之後有空，就再出來比比看，看看會不會遇到厲害的。但是之後一直比，卻發現：高手呢？怎麼高手都一直沒出現？

從我出賽以後，賽事主辦單位就不再以為只有男子選手成績才那麼好，他們都知道有個矮矮黑黑、長得很可愛（可愛是我自己加的，呵呵）的女生叫做李筱瑜。而這個女生每次都很快地衝回 Finish line。

這是我的第一場鐵人三項賽，當時怎麼也沒想到，我會從短距離的五一．五公里三鐵賽，後來越玩越大，一路玩到國際二二六公里的超鐵賽，還成了職業選手。

按：從 2002 到 2004 年間，李筱瑜選手囊括台灣各大鐵人錦標賽（2002～2003 台東三鐵／2003 墾丁兩鐵／2003 花蓮三鐵／2004 台南統一盃）女子組冠軍。其中，2004 年台南統一盃更擊敗來自八個國家的對手，成為統一盃自舉辦十三年來，第一位把女子總冠軍留在國內的台灣選手。這場比賽，她的成績是國內外男子總排第七。

二十九歲，才當鐵人三項國手

第一個代表台灣參加亞運三鐵項目的女子選手

國內的體育賽事，通常都是由從高中就開始培訓的選手囊括最佳成績，大家也都知道彼此的背景是什麼、教練是誰等等。可是，當時的我卻是不知從哪裡衝出來的一匹黑馬，沒教練也沒特殊背景，就這樣橫掃全國的比賽，從原本的沒沒無聞，受到了當時體壇、媒體和三鐵協會的注意。

二〇〇六年初，三鐵協會詢問我是否願意代表國家參加亞洲錦標賽，我想想可以去不同國家比賽挺有意思的，所以就開始在賽季的時候請假出國參賽。

二〇〇六年前半年，我去了中國、印度、新加坡等地的亞錦賽，常常是接到通知，幾月幾號要出國，我就把行李裝備整一整，時間到了去機場集合，然後協會就有人陪同，帶著選手出國，比完了就回來繼續上班。那時候的心態比較單純，一方面覺得可以出國比賽、看看別人的實力，另一方面又可以藉這機會到處走走、看看這個世界，所以，雖然亞錦賽每個場次的小故事也是不斷，如印度的海浪很高很髒，比完後一直拉肚子，之後又連著去新加坡比，在旅館躺了好幾天……遭遇這些意外有時挺累的，但我仍然享受這些比賽。

二〇〇六年因為參加亞錦賽，也知道了可以參加當年亞運的選拔。我想，這是一個很好的目標，能夠代表台灣參加亞運，因此便打聽亞運選拔的機制。

當年協會先指定國內的某一場三鐵賽為選拔標準，我在那場得到冠軍。接著，協會又指定了另一場三鐵賽為選拔標準，我在那場又拿到冠軍。後來，他們說要參加中國嘉峪關的三鐵賽選拔，而且成績要進兩小時三十分以內才可以。當時我的目標很明確，就是無論如何都要拚進亞運代表，所以我又飛到中國比賽。不過到了當地，我的媽啊，河水溫度只有十八度，這對向來怕冷的我是個很大的危機……雖然大會臨時宣布可以穿防寒衣，可是我沒帶，為了亞運參賽權，我眼一閉、牙一咬，還是跳了下去！但是河水實在太冷，我游到一半已經失溫，並且開始頭暈。

一上岸，眼前一黑，還是打起精神往前衝到轉運站牽起車子。當時視線模糊又心急上車，加上凍僵的肌肉尚未恢復知覺，所以無法控制好車子，竟往旁邊的拱門鐵架側身衝撞過去。我的變把撞歪，右肩整個撞上……。那時按了一下變把，竟然被撞壞了！我想，只要車子還能騎，我就要繼續騎完，反正只有四十公里。顧不了肩膀的疼痛，我單手握緊手把衝出去，用單速車的概念一路狂飆。下車跑步的時候，右肩因為前後晃動，開始劇烈疼痛，並且慢慢腫了起來，跑步時只能擺動單手，但是我完完全全不想棄賽！我想十公里應該都在忍耐的極限，而我，就是要拚到參賽資格。這個決心讓我拚到最後，成績是兩小時二十九分，再次達標。一到終點，肩膀才開始大爆發，發痛發腫，連呼吸都有點困難。

這次我的成績是全部競賽選手中唯一達標的，但是協會覺得我的年紀太大、有氣喘，加上我沒有教練等等原因，仍在考量是否讓我參加亞運。此時田徑協會的田偉璋教練很講義氣地為我背書，表明願意當我的教練，負責我的訓練。我真的很感激教練的即時出面協助，而我也為了可以代表台灣出賽，一咬牙把工作辭了，去左營訓練中心……

就這樣，我終於成為國家隊的一員，並且得以代表台灣參加亞運。

成為台灣第一位參加亞運的女子三鐵選手，雖然過程有些曲折，但我很興奮，這不僅是一個很大的光榮，對於曾經癱瘓的我，更是想都不敢想的一個夢想！

南下到左營訓練中心開始練習，當年我已經是「高齡」二十九了。我記得我充滿期待地報到後，去看了一下貼在左訓中心公告欄的選手與教練名單，大部分的選手都是二十歲以下，而教練或助理教練的年齡也才二十五歲以上。當年二十九歲的我，應該已經是教練級的身分了（實際上我在健身房也當教練很久了）。

當時另一個男選手代表是楊茂雍，而教練還找來了兩個陪練員：謝昇諺和吳冠融。他們都很年輕，正要踏進鐵人三項的領域，所以田偉璋教練就派了這兩位選手來見習兼訓練。就這樣我們在左訓中心待了三個月。

快要參加亞運前，姊姊來左訓中心探班，「好好比賽啊。」姊姊的叮嚀言猶在耳，沒想到她前腳一離開，我就發生摔車的意外，送去醫院檢查有腦震盪的跡象。雖然摔成了腦震盪，我還是不管有什麼後遺症，硬是出發去參加杜哈亞運。雖然成績受到了影響，但是我知道，若是有再更密集而完整的訓練，很有機會爭取更好的成績。

後來接觸其他國家（如日本）的選手，我才知道，他們為了一次亞運，事前教練觀察選手就不知花了多久時間。然後教練又花了很多精力幫選手規畫今後起碼五年以上的訓練計畫，說服選手一起加入這個長期訓練的計畫，預計在幾年之後參加哪一場比賽、如何晉級等等，至少都以三～六年的時間來培養選手的實力，有計畫的安排選手的生活和戰力培養。而我們這些選手，通常在左訓的時間只有短短三個月，真的很難和別的國家這種嚴謹的訓練模式競爭。

參加過這種大型國際賽事，也讓我明白了一件事：每個國家的選手所贏得的每一面金銀銅牌，都是經年累月靠很多因素造就的：政府行政單位的視野、教練團隊的智慧、運動科學與醫學的發達、經費的充裕、選角的嚴謹、選手素質，以及全民的關心等等。說運動員的成績就是國力的展現，真是一點也不為過。

那一年，我能夠以「高齡」之姿獲得國手資格，從本來只是參加國內比賽，進階到更大的國際賽事，有機會和更多國外的菁英選手較量，真是一次很有收穫的經驗。田教練說，我們的訓練時間要是能再拉長一點，應該會有更大的突破。所以，我回來後曾經把目標放在之後的奧運。只是後來我覺得要進入國家的體育機制真的好複雜，不是只要認真練習、努力爭取好成績，就能順利又快樂的出國比賽。這讓我打消了繼續成為國手的念頭，決定自己走出一條路。於是，我開始思考，要如何挑戰規模更大、難度更高的國際賽事。

我是 Ironman！

轉為職業選手之後，我所有的成績都大幅進步，也不斷破自己的紀錄，並沒有因為年紀越長而衰退。這或許是因為，當遇到的選手更強，也激發我更加砥礪的鬥志……

給你十七個小時，你可以跑多遠？

站在起點上，懷著堅定與堅持

「Good Morning, ironman~」

來到靠近起點的海岸旁，主持人活力十足的問候聲劃破天際，天光從海平面上微微擴散，一些選手紛紛跳進海中試游。我走到海邊，試了一下水溫，戴上泳帽和水鏡。大型音箱強力放送節奏明顯的流行音樂，我轉頭一望，岸上已經擠滿了熱情的觀眾……

鐵人三項的游泳項目有規定，一定要在開放性水域舉行。由於通常一般人都只在游泳池練習，較少在有風浪以及腳踩不到地的場所游泳，很多都市人對於開放水域是感到很驚恐的。尤其台灣人自小就籠罩在海邊溪水玩耍非常危險的陰影下，導致國內很多人不敢參加三鐵，都是因為無法克服這個恐懼。

但我很幸運，從小就被爸爸媽媽帶去海水浴場玩，所以對水不怎麼害怕。儘管如此，每一次的三鐵賽因為場地、氣候不同，每一場都像是測驗實力的過關遊戲。

例如二〇〇四年代表國家隊到印度參加亞洲循環賽。那個海域的浪超大，而且靠近會場的大水溝裡，全都是黑色的水就這樣流入海中。海水的顏色很深，根本看不見前方，選手們都有點被嚇到了，大家都在想：會不會游啊游的就被大浪捲走了？還有一次，是在美國太浩湖（Lake Tahoe）的一場超鐵巡迴賽。那場比賽的前兩天，氣溫突然驟降到零度，對岸的山頭都蒙上了白雪，湖面上積滿了厚厚一層霧氣，整個太浩湖看起來簡直就是一個大冰宮。雖然穿著防寒衣，寒氣仍然從光著的腳板竄上來。到了下水點，幾個選手站在水裡直打哆嗦，表情都有些僵硬。

但出發的鳴笛一響，大家還是邊跑邊狂叫地衝進湖裡，我也牙一咬，不囉唆，往前衝。環境再怎麼險惡，還是只能衝出去，沒有往回跑這件事。You are in the game!

收攝起心識，我大口地把空氣吸進肺葉。一睜開眼，海上的雲彩盡皆褪去，天終於開了。海面上的浮標由近而遠拉到遠方一．九公里處的折返點，救生員或坐著橡膠艇或騎著水上摩托車，在一旁海面上隨著海浪起伏安靜地待命，直升機螺旋槳的隆隆聲從頭頂飛越……

我甩動雙臂暖身，準備在接下來的每分每秒之中，把全身的速度和耐力好好分配在這二二六公里。旁邊的幾個女選手也默默凝視著海面，她們大都比我高出一個頭，肌肉也練得比我壯碩。我們屏息等待禮砲朝天的那記鳴響！

接下來，我們就會紛紛投入水中，彷彿透過母親的羊水，轉化為人身來到這個世界。這絕對是一個精采萬分的大冒險，一場沒有勇氣就無法參與的人生嘉年華！

倒數計時。浪來了。站穩了腳步、蛙鏡微調、姿勢預備，深呼吸……

「轟～」禮炮鳴響，震撼天際。別緊張，不遲疑，Let's go！

想看見更好的自己

迎向更高難度的挑戰

我是在二〇一二上半年，開始思考要不要轉成職業選手的。

因為那一年，我再度以分齡組（age group）的級別，進入在夏威夷科納（Kona）舉辦的超鐵世界總決賽，拿了第四名。那是我第三年進到總決賽。

對很多國外選手而言，業餘比得不錯，通常會轉職業的，沒有太多思前顧後。但在台灣，想要從業餘轉成職業選手，通常會聽到很多反對的聲音。有廠商還告訴我，待在 age group 成績看起來這麼漂亮，幹嘛跑去職業組自討苦吃、討打臉？國際上的對手那麼強，你以為自己有本事和人家競爭嗎？而且，台灣人根本搞不懂你是業餘還是職業選手，只管你是不是第一名，留在業餘，你穩坐三鐵一姐寶座，何必那麼累？

但對我而言，在 Kona 拿到第四名，讓我覺得好想挑戰自己的極限，好想看看轉職業之後，能有什麼樣的表現。而且，要是現在不轉，以後更沒有條件轉了。

說歸說，擺在眼前的問題之多，真的讓我很頭大。首先，我知道在台灣成為職業選手的種種困境，比如訓練資源不足等等，但這一點，我可以靠自己更加努力來彌補。

其次，職業選手也需要贊助經費，這對我來說就是個大難題了。有些運動員是靠家庭支持，或是已經有金主相挺，但我沒有，什麼也沒有。經費要從哪裡來？我年齡已經那麼大了，以目前的資歷成績，用來做訓練肯定可以有好的收入，幹嘛挑一個近乎「不可能的任務」的生涯？

當我在臉書上說，我想轉成職業的，很多人在我的臉書上按讚說好棒。但我心裡很清楚，應該也有很多人等著看笑話。

再來，職業選手的遊戲規則與業餘組大不相同。以 IRONMAN 國際賽來說，每一年職業選手的成績都要用積分排名，女子組只取前三十五名才能進入夏威夷總決賽。不像業餘組，只要一次超鐵國際賽分組冠軍，就有資格進入總決賽。而且，職業組沒有年齡的限制，同一場次，我必須和二十歲的年輕妹妹，也可能和四十歲的老狐狸作戰，無論體力或經驗，都是更大的挑戰。再加上，要獲取積分，就要參加更多的國際賽，也意味著要花更多錢，花更多時間訓練，更少時間去工作賺錢。

國外的職業選手，基本上都有一個團隊，有專業的教練、經紀人、復健師、營養師、固定配合的廠商，選手每月還有薪水可以領，這樣就能專注在訓練和比賽。在台灣，這樣的資源真的很少。可是我想，關關難過關關過，沒有人會把路開好讓我走，而我若不先走出一條路，年輕後輩更沒有機會。所以我想，先找人來幫我。

以前比業餘賽時，的確有幾個好朋友經常在經費和出國比賽時會幫我，譬如陪我去夏威夷的總決賽。可是大家其實都是工作之餘請假幫忙，而且經費部分也是她們佛心來著贊助機票住宿。但職業選手除了訓練和比賽的規畫籌備，也有很多對外媒體公關等行政事務，其實相當繁雜，就算不是全職，兼職來幫忙也要花很多時間，以此強求朋友也不是辦法。另外，營養金、團隊、出國比賽經費等等加起來，一年動輒上百萬，少數朋友的佛心只是杯水車薪，一定要找到企業贊助才有可能。

於是，我動腦筋到我姊姊和朋友陳惠君導演身上。二〇一一年時，我到蒙古參加十天九站的蒙古登山車挑戰賽，當時她們動用關係，幫我爭取電視台的曝光機會，也募集了一筆經費，然後陪著我一起去比賽。在蒙古那段期間，她們也很照顧我，大家相處起來也挺開心的，也因為是家人兼密友，我覺得也比較信任。緊接著同年十月，她們也陪我去夏威夷 Kona 總決賽，所以對我的狀況也更加清楚。

不過，剛開始姊姊並不是很贊成我轉為職業選手。她覺得要轉職業的，就需要很多資金。找贊助當然可以，但就怕會拿人手軟。萬一遇到必須委曲求全的狀況，我會無法面對。所以，非常務實的金牛座的她並不鼓勵我轉。

倒是導演很支持我，也許是因為她自己本來就對追求夢想有種傻勁和熱血，所以她對於我想創造出不一樣的生命，非常認同。蒙古登山車賽期間，她也開始拍攝我的故事，結束之後，她製作了一支很熱血的短片，算是第一次我們用影片向外界介紹我的生命歷程。後來這支片子也幫我拿到 Keep Walking 夢想基金的門票，並成為後來尋求企業贊助和媒體關注的起點。

不過，老天似乎總愛給我出難題。二〇一二年，導演的母親病情惡化，當年六月不幸過世了。那段期間，導演身心飽受打擊，我也不好意思拿這事煩她，所以組成團隊這事就一直擱著。幸好先前她已經幫我申請好 IRONMAN 職業選手的資格，所以雖然還沒有正式的團隊，也沒有太多經費，十一月有一場 Taiwan 70.3 IRONMAN，我還是順利以職業選手的身分，正式參加比賽。

到了那年年底，為了如何開始二〇一三年度的職業生涯，我與一些業界的朋友討論不同的可能性，但最終，我還是選擇和姊姊、導演一起合作。然後我們又經過了許多的討論和心情的糾結——主要還是關於如何找贊助、如何訓練等方向。最後，姊姊、導演和我終於達成共識，開始一起組成正式的團隊，為職業生涯努力！我們還為了宣示自己的決心，簽了一份正式合約，明定許多權利義務。這時，我的心也比較定了下來。

有時候想想，自己也是很不知足，業餘組比得好好的，卻嫌一直在業餘組拿冠軍太無聊（這樣講會不會太臭屁？），但沒辦法，細胞裡就是有一種不安分的特質，就是很想挑戰更高難度的目標。

只是連我自己都很意外的是，自從轉成職業的之後，我所有的成績都拉上來，也不斷破自己的紀錄，並沒有因為年紀越長而衰退。有一部分，也是我遇強則強的特質！在國際賽遇到的職業選手越強，越能激發我更加砥礪的鬥志，成績也因此更好吧。

衝吧，為了更好的自己！

先打掃，才練功

前往沖繩移地訓練

成為職業選手，不只是身分的轉換，也必須具備實力的提升才行。

為了更有效的訓練，我們開始打聽哪裡有比較好的鐵人訓練。正好我的自行車贊助商，是日本三鐵車CEEPO，有一次CEO田中信行先生到台灣總公司開會，我們便和他開會商討日本移地訓練的計畫。

野

老先生（我們對田中先生的暱稱）在CEEPO辦公室的白板上，寫上斗大的「野」字，然後轉過頭對導演和姊姊說，我很「野」，所以要找教練不容易。

哈哈，果真是老江湖，知道我的個性。他後來介紹了兩位教練，一位是沖繩的千葉智雄（Tomoo Chiba）教練，另一位是在大阪的教練團隊。由於沖繩的生活費用比較便宜，而且我知道千葉教練所訓練的選手田中敬子（Keiko Takana），是日本數一數二的三鐵選手，於是我選了沖繩。導演和老先生兩人親自幫我確認和聯繫好所有細節，老先生還特地跑去沖繩看了一下他們的訓練基地。就這樣，我在二〇一三年二月初，包袱款款出發前往沖繩。

第一天到的時候是週一，他們的休息日，隔天一早便開始起來訓練。

一早先是游泳，和台灣很不一樣的是，所有的選手一到泳池，都很有禮貌地彼此打招呼，並安靜地開始打掃環境——而且是連日本的三鐵一姐也都一起打掃，並不是年輕的後輩才打掃。

清水池、整理環境，打掃了約三十分鐘後，教練才出現，宣布課表，開始正式的練習。游完之後，大家還要排隊站好，對著泳池敬禮才算結束。這種對環境的誠敬，是以前在台灣沒看過的。

日本選手的訓練方式，果真非常嚴謹，教練也都亦步亦趨地跟在旁邊。不過，一開始的訓練量真的很大，我們可能一早先游泳三千公尺，接著是一百公里騎車，再加一小時的跑步。我之前的訓練強度沒這麼高，所以剛開始騎車都一直被收車，老跟不上，身體也痠痛到睡不著覺。晚上躺在宿舍裡，一整個很沮喪。而且，日文我只聽懂一點點，雖然 Keiko 有時會翻譯，但教練的說明也無法完全馬上吸收，再加上我很怕聽錯課表，所以白天練習時一直處於緊張狀態。

「我游泳游到快溺屎了！」「我今天又被收車了！」「我快冷死了！」我和導演常常透過簡訊，發表今日感想。一開始，寫的幾乎都是這些 bad news。可是我告訴自己，職業選手就是要吃得了這種苦，所以還是咬緊牙，每天設法跟上。

兩週以後，我的身體漸漸適應了這樣的訓練量，開始有明顯的進步。加上新的 CEEPO 三鐵車運到沖繩，教練也幫我重新調整 fitting，技巧當然也一起提升。於是，我終於騎得完全程，不同的課表也吃得下，速度也漸漸拉上來。

在沖繩練習的時候，我和 Keiko 與另外兩位男選手，一起住在他們的選手宿舍。教練夫婦的狗，也養在旁邊的小倉庫裡。雖然是很簡單的宿舍，但麻雀雖小，五臟俱全，Keiko 除了白天訓練，晚上還要打理我的伙食，煮的料理健康又清爽。

平常，教練對於環境也很要求，常常自己花好久時間清潔廁所或是車廂，大家都是過著嚴謹而自律的訓練生活。只有我，每次都想大嗑甜點，跑去買甜點請大家吃，想吃滷肉飯也煮了一大鍋，或是在教練說休息的時候牽著狗出去很慢很慢的跑，或約其他選手慢跑逛街。不過，我想可能老先生有跟教練說過我很「野」吧，所以教練夫婦對我都很客氣，也都會用鼓勵或幽默的方式和我溝通，真的很受他們的照顧。選手們都知道，碰到好教練真的很難得。我很感謝可以體會到這種很誠摯、互相尊重、緊密的教練和選手的關係，那是一種對彼此生命的扶持和激勵，而不是利益的交換。

到了四月初，姊姊和導演特地跑來沖繩看我訓練的狀況。她們也覺得我很幸運，可以碰到像千葉夫婦這麼耐心、專業和有幽默感的教練，而且 Keiko 也是很可愛的選手，後來在不同的場次比賽，雖然同台競爭，但都很珍惜可以再碰面的機會。

她們來看我的那個週末，還發生一件趣事。那天剛好教練夫婦的 GOYA Team 在海邊舉辦一個短距離的國際三鐵賽和小鐵人賽，也邀請我參加。當天陰雨綿綿，氣象不佳，沒想到開始跑步之後，風雨突然加大，浪潮也增高——竟然是龍捲風來了！大家紛紛走避，我本來還想繼續跑，可是斗大的雨滴打在身上好痛好痛，我只好趕快躲到樹旁，主辦單位也立刻宣布停賽。風雨過後，我跑回到終點，有的帳篷被吹垮，有幾個選手失溫，有一些本來要參加的小鐵人因為無法比賽，感到相當懊惱沮喪，可是大家都安靜的收拾整理，很快的現場就整頓乾淨，選手家人們也快速清理好裝備，禮貌道別後很有秩序的離開，效率之高，令我們刮目相看。

和世界冠軍 Macca 一起練習！

泰國 Thanyapura 受訓

二〇一三年五月，比完 Challenge Taiwan，拿了職業組第四名，也讓我賺到第一筆職業組獎金。這筆錢雖然不多，但應該夠我再去訓練一趟。這次，我想去看看不一樣的訓練環境。剛好國內有其他短距離的三鐵選手想去泰國，所以那年七月，我就和大家一起去了泰國普吉島的 Thanyapura 受訓。

Thanyapura 是一家旅館和運動訓練結合的複合式度假村，有很好的游泳池和重訓、田徑環境，而且是屬於開放式的訓練系統，任何人都可以去買短期或長期的 Program 培訓。許多國外選手為了要適應亞洲的氣候和比賽，都會選擇到那裡做短期的特訓。

我一下飛機，放下行李立馬去游泳。沒想到，因為在飛機上太冷，一下飛機之後又太熱，游了一百公尺，就聽到「啪」一聲，肌肉拉傷無法動彈。還沒正式訓練，就跑了一趟醫務室，也無法游泳，真的有點衰。

我當時和其他台灣四位男子選手，都住在俱樂部經理 Craig Jones 家中，他之前曾在台灣一段時間，負責訓練國家隊的三鐵選手。當時一同受訓的，還有謝昇諺、吳冠融、謝昇諺弟弟謝文皓、季小寶。

這裡的訓練方式和日本截然不同，教練給了你課表之後，就由自己自主訓練。最大的不同是，每一次一起團練時，都會有不同的選手加入，很有新鮮感。

剛去的時候是雨季，所以每次出去騎車都是一堆爛泥打上來，每天都很像海軍陸戰隊一樣，搞得髒兮兮回家。此外，路況有時也很危險，因為小巷道多，而當地人也比較隨性，有時候會騎車亂竄，加上他們下坡時會有很多用來緩衝的 Bumper 讓車子減速，萬一不小心，很容易就會摔車，像季小寶有一次在下坡就摔了。

還有一次，騎到一個陡坡，竟然塞車。我們從空隙中鑽到前面，發現原來是一條大蛇擋在路中間，而大家為了這條蛇，也不敢往前開。我們不想減速，因為一減速就可能要下車了，所以我就冒險從蛇尾騎過去。但是同行的謝文皓竟然大膽地從蛇頭那端騎過去，事後問他怎麼不怕蛇突然攻擊他，「蛤，有蛇？我以為那是木頭咧……」應該是他平常很乖，天公有在疼。

還有一次，我們騎車騎了一八〇公里之後，到了島另一端的度假村，下海做游泳訓練，沒想到游著游著，竟然撞到一塊很大的漂流木，我的頭當場腫了一個大包。茫茫大海，哪裡來的浮木啊？就這麼巧，讓我給撞到了。

在普吉島的訓練生活雖然枯燥，但也常碰到一些有趣的經驗。

「啊~那不是Macca嗎！」當看到那黝黑的臉孔露出經典的爽朗微笑時，我不禁心跳加快了！在三鐵圈，應該沒有人沒聽過鼎鼎大名的世界冠軍Macca。普吉島練習最high的一件事，就是和這位來自澳洲、本名Chris McCormack的世界冠軍一起練習。之前，在夏威夷都要排隊等他的簽名照（其實我從二〇一〇年連續三年都有蒐集到他的簽名T恤噢），如今卻能一起游泳、騎車，真是滿足我小小粉絲的大大心願啊！

游上岸，冷到躺在地上

二〇一三年美國太浩湖超鐵賽

我不怕難，不怕苦，不怕挫折，但是我……非、常、怕、冷。

有一次，我在中國嘉峪關附近參加國際鐵人三項聯盟（ＩＴＵ）比賽，水溫十八度，沒有穿防寒衣，游到氣喘發作。因為太冷頭好痛，後來我連人帶車撞上轉換區的護欄，整個變把都撞斷，以至於接下來的騎車都無法變速。雖然最後我的成績還是達標，但從此一聽到冷，我就遠遠閃開（還會生氣）。

但給我最大震撼教育的，要算是美國太浩湖超鐵賽（IRONMAN Lake Tahoe）了。職業組需要積分，為了進入世界總決賽，一年最少都要比七到八場，才有可能從中間挑選最好的五場積分來角逐世界排名。所以轉成職業的之後，也開始我必須到其他國家比賽的忙碌生活。由於亞洲場次較少，所以必須得選擇歐美賽事。但這對亞洲選手真是件吃力的事情，旅行時間、時差、費用……都是很大的負擔！

這場比賽，是CEEPO的經理Marc-Andre Perron推薦我們去的，因為是第一屆，他推測也許強手不會太多，而且有山有坡，不是太簡單，適合我喜歡挑戰難度的個性。這也是我轉職業選手以來，第一次到歐美國家參加超鐵賽，出國前，天氣最低溫的預測是十五度，我想還在可調適的範圍。沒想到，賽前兩天來了一場暴風，溫度急速下降；我的心裡開始忐忑不安，因為我從來沒有在這樣的氣溫下比鐵人三項全程競賽（Full Distance IRONMAN）。

太浩湖在加州北部，我們搭機到舊金山，還要再開車北上大概五個小時才會到。到舊金山時，因為將近午夜，所以我們先住了一晚機場附近的旅館，隔天中午才從舊金山國際機場租車出發。當天早上在舊金山吃早餐時，就感到有點涼意，風也挺大，我們還互相安慰說是這幾天剛好比較涼。

一路開車北上，到了太浩湖的租屋處已經晚上，ㄟ還是有點小冷。之後白天勘查賽道，陽光普照，倒是覺得還好。到太浩湖的游泳賽道試水溫，雖然湖面清澈寬闊，原本應該心情舒暢，但是一碰到水，又不禁打起哆嗦。旁邊幾個兩、三歲的金髮小娃兒，哇，居然穿著比基尼頻頻踩水。

我開始有點擔心。

果然比賽當天，地面氣溫攝氏零下〇．五度，冷得我連拿咖啡杯的手都微微發抖。選手們都說，最好大會宣布不要游泳。我望著湖面升起濃濃的霧氣，美麗得好像要將我吞噬。等待的時刻，微微曙光中看見對面的山頭竟然覆蓋了一層白雪，我心裡吶喊著：「我的媽啊，真的要我跳下去嗎？」

現場人山人海，為我們加油，但是大家都是裹著棉被和穿著雪衣啊。我感到冷，那樣的冷，無處可躲。

「Where do you come from?」賽前在自行車轉換區整理東西時，另一個外國職業選手問我從哪兒來。

「Taiwan.」我一邊發抖一邊說，她居然忍不住仰天大笑起來。

對啊，我是招誰惹誰，跑來這麼冷的地方比賽？都怪突然侵襲的暴風雨，讓山上的氣溫驟降。

當然，最後還是得下水。只是幸好，游泳時穿著防寒衣，游了一陣子身體也不覺太冷。真正的挑戰，反而是在上岸以後。我還記得，上岸後的手指凍到無法拉下防寒衣的拉鍊，更遑論自行脫下防寒衣。但大會早料到這一點，已經有所準備——顯然不只有我這樣。因為一上岸，就有工作人員引著我們跑到帳篷裡，請我們躺在地上，然後由四位工作人員一起幫選手脫衣服。

這可是我頭一次碰到這種「禮遇」，一跑進帳篷，只見一個個選手肢體僵硬地躺在地上，由工作人員幫忙快速脫掉防寒衣，減少選手的不便。雖然有點小尷尬，但是真的冷到末梢失去知覺，只好請他們代勞。（一個三鐵賽事辦得好不好，從轉換區補給等等小細節的服務，都能看得出用心程度。）

當我穿好一身的保暖衣物，臉也像忍者一樣包起來的時候，我的手指還是凍僵的，沒辦法繫上計時帽的扣環，只好請工作人員代勞。低頭看，椅墊上已經結上了一層霜。原本以為最冷的階段已經結束，哪知，這個結了霜的椅墊其實預告了我即將遇上人生最悲壯的一場自行車段。

一八〇公里的路程，我冷到只能喝下半瓶水，外加運動能量達人的一包 Gel 和一瓶 BCAA。到最後除了冷，身體也失去了能量，導致在最後一五〇公里處的大爬坡，第一次體驗到雙腿抽筋的僵硬和疼痛。我們在環法賽或是大型賽事中，經常會看見有老外穿著像超人（內褲加上披風）在旁邊加油，那一天，在那個坡上，真的有個人穿成那樣，邊跑邊熱情地幫選手加油。我騎到坡頂時，雙腿因為抽筋無法再用力而大叫，剛好他就在旁邊，第一時間就把我接住。要是他沒有接住我，下一秒我就是硬梆梆直接倒在路上。

終於，我在比賽中停了下來。

停下來！我從來沒有因為體能不足，而在三鐵比賽中停下來，這可是初體驗。

剛開始，我心裡想，完蛋了，會不會騎不回去？但我不肯，就是不肯。

我咬著牙，一邊活動雙腿，一邊反覆告訴自己，再怎麼痛苦，騎得再慢，我都要撐下去。剛好我在車上黏了兩顆鹽錠，那是前幾天去大會展場，現場免費發送的，我順手拿了兩顆放在車上。沒想到，居然在這一刻救了我。吃下去後，雙腿慢慢舒緩了。

緊接著，是四十二公里的路跑，很多職業選手在騎完車之後就棄賽了。我一度也想跟著放棄算了，但最後還是說服自己，撐下去。

不過，我也知道，先前騎車已經抽筋過一次，接下來施力要很小心，必須控制力量，否則如果又發作一次，那真的就完了。所以，我調節身體的力氣，保持在可以穩定前進的節奏。

在這種長距離的比賽時，選手們要記得提醒自己：不要一直用力，有時候在可以放鬆的時候要放鬆，該用力的時候才發力。這種感覺沒法具體傳授，要靠你的經驗和了解自己身體狀況來調節。

氣溫仍然很低，可是我固執的想怎麼樣都不能棄賽，爬著也要進終點。補給站喝了幾次雞湯，雖然很難喝，但因為是溫的，所以也是唯一進得了胃的東西，稍微有了點體力可以繼續支撐。

最後，我還是完成了四十二公里的馬拉松。這是導演和姊姊在終點等待最久的一次，寒風中，我看見她們也流著鼻涕發著抖。聽導演說，我當時的臉都凍成紫色的了。

那場比賽因為氣溫驟降，有五〇%的參賽者都沒有完賽，算是相當慘烈。接下來幾天，我們碰到其他參賽者，每個都說這個比賽太 brutal（就殘暴的意思啦）。我接下來也咳了一陣子，算是傷到了吧。

然而，正所謂不入虎穴焉得虎子。有了這一次的經驗，如今我面對低溫的挑戰，更有相處及駕馭的心得，也沒像過去那麼害怕了。當然啦，如果你也怕冷，衣服還是穿暖一些好，尤其像我們這種熱帶國家長大的小孩，還是選氣溫高一點的地方比賽比較保險。

撇開冷不談，其實太浩湖真的好漂亮，真不愧為滑雪勝地。賽道風景也超美，也是我比過最漂亮的賽場之一，美到我一點都不覺得，有花那麼長時間完賽呢——ㄟ，也有可能是被凍傻了吧，哈哈哈。

這是IRONMAN美國總公司第一次在這裡舉辦比賽，所以賽事規畫和活動安排都準備得很盛大，頗有經典賽的架勢。當地的超商或小店鋪，都放著免費的IRONMAN雜誌，向當地居民介紹這個國際知名的超鐵賽。

「Are you here for IRONMAN?」我們去鎮上買東西時，店員都會親切地問我們。「Good Luck!」臨走時也不忘給我們祝福。

那場比賽，也是我轉職業的之後，第一次和導演、姊姊一起出國。我們為了省錢，住在距離會場比較遠的小木屋，會場和終點線則是位於更北邊的滑雪村。木屋位於高聳濃密的森林中，雖然小巧但很舒適，把壁爐開著，坐在客廳裡，聽著風吹過樹梢，看著鳥兒在斜射的陽光下一蹦一跳，在陽台的木板上清理羽毛。在如此安靜怡人的地方過上幾天，身心都似乎被大自然的安詳寧靜給洗滌了一遍。

我們幾乎每天都自己煮飯，小木屋裡有現成的鍋碗瓢盆和簡單的調味料，相當方便。導演還特別注意比賽前一週的營養搭配，餐餐都端出美味的料理，大家吃吃飯、看看書，時差似乎一兩天就調好了。木屋外有警示標語說小心有熊，我們倒是都沒看到。比完賽之後，順道開車去附近的優勝美地國家公園走走，欣賞壯麗的自然風景，還在國家公園的西邊出口處的餐廳吃到超好吃的蜜汁烤豬排，補補之前比賽所消耗的元氣。

不過，當時有幾區剛被大火燒過，附近的森林都燒成一根根黑色的焦木，有些還冒著白煙，看了滿難過的。有一天早上要離開優勝美地之前，我出去附近的山區恢復跑步，沒想到竟在路邊看到一隻應該是被車撞死的幼熊，趕快跑回去請旅館的人通知國家公園巡警。

隔年，IRONMAN又在太浩湖舉辦了一次三鐵賽，但因為森林大火影響了自行車賽道，最後取消了，實在很可惜。那是一個很美麗的高山湖，若有一天我不再害怕寒冷，也許可以再去一次？（我又凍傻了吧ＸＤ）

一邊跑，一邊拉肚子

2014 IRONMAN Malaysia

我在二〇一四年因為車禍，只比了三場 IRONMAN 比賽。雖然其中拿了兩場冠軍，積分有到世界前四十四名，但還是與總決賽無緣。

你可能會好奇，「啊你不是跑得很好，又拿了兩座冠軍很厲害嗎？怎麼連總決賽都無緣呢？」

主要是因為 IRONMAN 國際鐵人三項比賽的規則所限。首先，IRONMAN 鐵人三項分兩種距離，一種是七〇．三（英里），也就是一一三公里的賽事，所以他們會用 IRONMAN 70.3 當作識別。而一般的 IRONMAN，就是指全程二二六公里的超鐵賽，包含了開放水域游三．八公里、自行車一八〇公里，以及最後的路跑四十二公里。

參賽者也分兩種級別，一是業餘組，一是職業組。業餘組用年齡和性別分組，每五歲分一組，所以又叫分齡組（age groups）。IRONMAN 每年十月，都會在夏威夷舉行一場世界總決賽，如果你屬於業餘組，那麼只要你曾在當年度某一場二二六公里的國際賽贏得冠軍，就有資格進入總決賽，和全世界分齡組的冠軍再比一次。我之前二〇一〇～二〇一二年在業餘組時，就是台灣第一人，也是華人第一位連續三年拿到國際賽三次冠軍，所以三次進入世界總決賽。

但是職業組玩法就相當有挑戰性了。尤其在幾年前，改成了積分制，每一年九月一日到隔年八月底結算，每個女子職業選手的積分，要排名前三十五名才有資格進入總決賽。而積分，就是取最好的三場二二六公里賽事的名次，以及兩場一一三公里賽事的名次，換算成積分統計出來。既然是職業組，就只有性別，而沒有年齡區別了。

我因為一整年度少跑了兩場一一三公里賽事，最後「只」排名四十四，也只能望總決賽興嘆了。

接下來的二〇一五年度，我希望自己能擠進世界前三十五名，因此我特別挑了幾場賽事，希望能累積到足夠的積分。

其中第一場，就是二〇一四年九月的 IRONMAN Malaysia。賽事是在炎熱的北馬觀光勝地蘭卡威舉行。

跟過去一樣，我和姊姊、導演一起來到這個以老鷹與猴子聞名的小島。這一場，有很多台灣鐵人朋友組隊參加，也有許多來自香港、新加坡、馬來西亞的選手來勢洶洶，都想要來拿分齡組冠軍以及世界總決賽的資格。通常，亞洲的場次因為黃種人比較多，走在路上也會碰到認識的臉孔，多了幾分親切感。

原本這次比賽，我估計自己可以拿到第三或第四名，但是游泳項目結束之後，又發生不幸的事情了。我猜想應該是海水不乾淨，而我的身體對不乾淨的東西超敏感，所以上岸騎車後沒多久，竟然肚子開始咕嚕咕嚕叫起來。

「不會吧，這時候給我搞肚子痛？」我心存僥倖，想著先不理會，也許等下就自然會好。

我強忍著肚子不舒服，努力追，在自行車之後追回到第四名。但坐在車上還能忍，下車後，我立刻就跑去ㄘㄨㄚˋ賽。「有沒有搞錯！竟然在比賽時拉肚子？」我心中一陣吶喊。

咬緊牙關，我接下去跑步。但腸胃沒放過我，更加翻騰起來。跑第一圈時，因為絞痛得厲害，我腦中閃過一個念頭：「棄賽算了，這樣要怎麼比？」我轉頭看見在旁測速的導演很想跟她說我不比了，但我馬上轉念又想：「這樣就棄賽，這趟不就白來了嗎？」而且二二六公里真的很難講，尤其是跑步，不到最後，誰贏誰輸還不知道呢！

念頭一轉，我決定了：不放棄，我要用盡全身的每分力量衝進終點。我把手錶丟給了導演，因為我真的覺得不用再看錶了。（生氣！）

就這樣，我維持配速之外，外加花了點時間上廁所——幾乎是一看到流動廁所，我就跑進去拉（真的沒辦法忍！嗚嗚嗚）。這一來，不僅浪費時間，也導致我無法出全力往前追。我很謝謝一路上，有很多泰國、馬來西亞、新加坡以及台灣的朋友，用不同口音的國語或是英文，一直喊我的名字，為我加油。每喊一次，我就有幾分鐘的時間忘了肚子的難受和虛弱。

所以，雖然那一場我沒拿到冠軍，但我很開心，因為我是用了全部的力氣衝進終線，拿到第四。我從來沒遇過比賽中間拉肚子，算是又一次戰勝了身體給我突如其來的考驗。此外，距離上回八月底在日本的二二六公里比賽，其實只相隔不到一個月的時間，看來，我身體的恢復能力也加強了。

這次比賽，千葉智雄教練和田中敬子選手也有出賽，她表現得很好，拿到第三。比賽完大家又很開心地聚在一起，開車出去逛，到蘭卡威北邊坐纜車，看看可愛的猴子在路邊玩耍（比賽時騎太快，根本就沒看到，主辦單位之前還提醒大家經過山區路段要小心猴子在路上竄或是攻擊補給品）。我也在這次比賽中，認識從德國來的選手 Diana Riesler，很強，是那一場比賽的冠軍。

導演很熱情，直接邀請她來參加 IRONMAN Taiwan。事後我們才開玩笑說，早知道就不要開口，這種怪物級的對手，幹嘛自討苦吃，邀她來台灣？不過後來我們又在西班牙 Lanzarote 那場再度同台較勁，之後一起聊著訓練、生活，留下美好的回憶。

進到職業組，能夠認識這些世界頂尖的好手，除了見識到他們堅強的實力，也感受到他們大都心性誠摯溫和。不論場上交鋒或是私下的鼓勵交流，都是很難得的經驗！

安娘喂，我的主場之戰

2015 IRONMAN Taiwan

台灣南部，尤其是墾丁，常常都可以聽到「安娘喂」的口頭禪，每次聽到，都覺得這詞好貼切！

二〇一五年台灣首場長距離的 IRONMAN 賽事，就選在墾丁舉行。這裡也是我母親的故鄉，一些親戚還住在這裡。多年前第一次放假出來環島，就是騎到墾丁，那時還想像自己住在這裡，每天衝衝浪，過著愜意平靜的養老生活……很喜歡墾丁，爽朗、單純、熱情。

比賽前兩個月，我就住到表姊家開始專心訓練，希望能在這場第一次於台灣舉辦的 IRONMAN 二二六公里賽事拿到好成績。這兩個月的時間，數千公里的騎車訓練（我的摩托車里程數都沒這麼多），每週百公里的跑步風吹日曬，海裡翻、浪裡滾的游泳練習，每次練完身體雖然痠痛，但恢復過後，又再度踩上踏板前行。

訓練，常會讓我感到一個人身心的潛能，原來可以如此無止盡的強大！

這段期間，表姊和表姊夫也很照顧我。表姊夫是當地刑事局的組長，雖然工作很疲累，但是晚上一家人聚在一起就會常常說些超搞笑又白癡的話，讓我在訓練過後的晚上常常笑到噴飯，得到最佳的紓壓。隨著比賽日子越來越接近，表姊和其他墾丁親戚就開始熱熱鬧鬧地組成加油團。從小因為家裡比較忙，我常常一個人過，和親戚也沒那麼熟稔，為了這次比賽，好多幾年不見的親戚都聚在一起，好像要辦喜事一樣地敲鑼打鼓。

這是頭一遭讓我感受到家族的溫暖。很新鮮，心頭也暖暖的。好像國境之南的太陽。

這段訓練期間，很多台北的鐵人朋友也都下來練習。由於這場比賽除了分齡組冠軍能進世界總決賽外，主辦單位還特別贈送台灣最佳成績的兩位男女選手晉級總決賽的資格，所以幾位實力不錯的業餘組選手也躍躍欲試，練得很凶。我的北風團好友也有幾個下來練，我自然特別安排課表和越騎越 high 的 Bike course 好好款待，謝謝他們之前陪我練習。

這回，日本教練千葉智雄先生和日本一姐田中敬子也有參加。賽前我和姊姊、

ceepo
ceepo
ZIPP
MAMBA

導演騎著摩托車陪他們一起去看跑步的路線，賽後五個人又一起吃飯聊天互開玩笑，就像在去年的馬來西亞比賽一樣。我們雖然不常見面，但大家的感情就如同兄弟姊妹，自然又親切。

終於，到了比賽日。墾丁小灣游泳賽道相當漂亮，游在那一閃一閃藍色螢光水母群中的經驗，相當特別。被水母叮，我其實不怎麼擔心，我只怕被叮成香腸嘴，等下一出水就太不帥了，哈哈哈。

至於接下來的騎車賽道，風真的好大，一八〇公里的騎車路程真不是蓋的，先後經過佳樂水、滿州、旭海、牡丹等地，有一段沿著海岸線相當漂亮。

最後，我在游泳項目墊底，上岸後一路追趕，騎車追到第八，跑步追到第四，面對這麼多強勁對手，我沒有放棄鬥志。何況，這算是我的主場，沿路上好多熱情的親戚朋友們幫我加油，我當然要好好表現。倒是這些加油團亂喊又亂叫的，實在很有趣。「你們趕快去幫我，把跑在我前面的幾個『處理』一下……」不禁一邊跑，一邊陪他們搞笑起來。

當然，這是熟悉的場子，我才能保持幽默的心情，踏著穩健的小短腿一路狂追。我平常比賽，臉可是超臭的。

雖然我在這場沒有拿到冠軍，可是發現自己一直進步、突破，也為台灣保住亞洲第一的成績。台灣有好幾位分齡組選手拿到世界總決賽的參賽資格，這是我二〇一〇年拿到晉級資格的五年之後，台灣終於也有人可以挑戰這神聖又偉大的三鐵最大盛事，能夠到那裡比賽，是世界各地很多鐵人的夢想和持續鍛鍊的目標。

頒獎典禮的時候，才知道這次的冠軍在幾年前曾經嚴重摔車過，醫生都說她無法再比賽了，但是她還是願意挑戰極限，如今重返賽場重獲佳績。聽到她在台上說「下雨之後才有彩虹」時，我的眼眶也濕熱了起來。

其實每位三鐵的職業選手，背後都有許多動人的故事。常常站在台上與他們一起領獎，或是在台下為他們鼓掌的當下，都會覺得賽前也許我們不認識彼此，但是就在跨過終點那一刻，我們彼此分享了無數汗水和痛苦的交織、最後奮力衝線雨過天青的那種喜悅。我常常覺得，運動和音樂一樣，透過超越極限的努力表現，不同國籍、種族、性別、年齡的人，都能越過原本的框架而有所感動、體會。

狂風中，地表上最難鐵人賽

二〇一五 IRONMAN Lanzarote 西班牙蘭薩羅特島之戰

歐美地區的鐵人賽除了很花錢，競爭對手、地形、交通旅程、體力適應等等，難度都更高，所以我們當初四處請益有什麼比賽比較可以「值回票價」，有機會獲得較高積分時，IRONMAN Taiwan的CEO林澤浩先生強烈推薦熱愛爬坡的我，去參加西班牙 Lanzarote 的比賽。他自己去年才參加了這場的一一三公里賽事，覺得很有挑戰性。

「很熱，又有很多坡可以爬。」

一聽到這句話，我馬上把這賽事放在年度計畫中。於是，IRONMAN Taiwan之後，我們一行三人整好裝備，前往西班牙挑戰這場比賽。

從台北飛到西班牙這個靠北非的小島，飛行加上轉機候機時間，就花了我們兩天。到了西班牙蘭薩羅特島（Lanzarote），雙腳已經因為長時間坐著血液循環不良，腫得像豬腳一樣。

豬腳就算了，我突然發現，怎麼只有導演和姊姊的行李出現在轉檯上，啊我的愛車和行李呢？

結果，原來我的行李和車子遺留在法蘭克福機場。緊急安排之後，說會送來這裡。至於什麼時候送到，沒有人知道。

出國比賽，碰到大大小小的狀況和經驗很多，所以我們都已練就以不變應萬變的本領和心態。但是自行車沒到，也算是事情大條了！

因為我們週二傍晚到，週六就要比賽，沒有多少準備時間。但是，該做的還是要先處理完，隔天一早我就趕緊去報到。主辦單位見我們來，還特別安排媒體採訪，我猜想，應該是像我們這種不怕死、膽敢來這裡比的亞洲人真的很少吧。

另外，主辦單位也派人熱心地向我們介紹這個火山島的地形，以及週六可能的天氣。他們說，前一週氣溫高達四十度，我一聽好開心，我最愛熱、最怕冷了。但他們笑著叫我別天真了，四十度是伴隨著撒哈拉沙漠的熱風吹上來，那種會乾熱到讓人窒息的熱，但還好，這週已經降溫到二十度上下。真是驚人的溫度變化，難怪成為參賽者的一大考驗。

「Wow~You are coming from the Far East!」一頭白髮的賽事ＣＥＯ Kenneth Gasque 老先生，慢慢地邊走邊說。他親自陪我們去自行車中心（Bike Center，會場在 La Club Santa，這是一個專以運動訓練為主題的度假村，所以有很多訓練相關資源和設備，專業自行車租借也是其中一項），幫我介紹其中最帥氣的技師，並拿了一台比較適合我的公路車，以防我的車子沒及時送來，還有一台車子可以使用。

我還借了一頂超可愛的鯊魚兒童安全帽（因為我的頭太小，專業的自行車頭盔很少有我的尺寸，只好挑兒童帽）。Kenneth 臨走前還跟中心的人說，一切費用都記在他的帳上，真是揪感恩！同時間，賽事主任 Isabelle Janssens de Varebeke 女士也熱心地幫我們催促行李，安慰我們別擔心。「聽說你的行李週五會到。」她說。

我們也只能微笑，保持樂觀的心情。但是同時也另外找了一下當地三鐵店和自行車店裡的裝備，萬一行李沒來或缺什麼東西，週五就要刷卡破財了。

去聽 Pro Briefng（職業組賽前說明會），我們遇到上次在馬來西亞贏得冠軍的 Diana Riesler。我們跟她說，我的車子還沒送到，她很震驚。我們說，若是車子沒來，就要用借來的公路車和鯊魚頭盔去比賽。

「Are you joking, right?」她覺得我們可能是在搞笑。

「Well, we don't have other choices...」導演雲淡風輕地說，我們別無選擇。

「You guys are crazy!」當她知道我們是認真的之後，瞪大眼睛看著我們。

她接著以德國人的嚴謹，認真地建議我們，萬一真的要用這樣的配備，我們可以怎麼調整等等。話裡暗示我們，在這個場地若沒有良好的配備，應該會死得很慘。

「Gracias!」（謝謝，西班牙語）我們只能繼續微笑，保持樂觀的心情（還好我們三個人都不是神經脆弱的體質，否則應該會崩潰吧）。

隔天，也就是週四，我們去進行路線勘查。這個島是眾多火山爆發後形成的，島上沒有太多高大的植物，四面環海，所有東南西北來的風直接灌進來。

我說的強風，不是一陣一下子而已，而是一直來一直來一直來，會颳到耳聾的那一種。風速大約三十至四十公里，站在路上，都會覺得被往後吹。由於大部分是火山熔岩堆積而成的地形，所以道路都有一些坡度，到了島的北部，還有較高的火山，坡度更陡。我們騎著借來的公路車去賽道勘查，就感受到強風的威力。我心裡想，如果我的 CEEPO 愛車沒有到，我就死定了！

「明天一定來！」當天晚上，我懷著這樣的心情入睡。

終於，行李離 bike check-in 前五小時在機場領到，我們火速組好車，又趕去參加國際記者會。當大會宣布，我們的車終於到了時，現場起了一陣小小的歡呼（真是溫暖的賽事單位）。但是聽到大會這樣形容我說「She is the fast Asian professional athlete in full distance.」，我心頭又沉了下來，接下來再怎麼樣頂著風，也要拚出去，不能讓亞洲選手丟臉。

大會還問我，為何選這場賽事？我說，我是IRONMAN Taiwan的CEO介紹來這一場的，但是勘查完地形之後，我懷疑他到底是不是我的朋友。大家都笑了。

有一位西班牙很有名的三鐵女子選手，長得很漂亮，媒體紛紛詢問她預估的成績等等，其他職業選手的談話也不像我這麼搞笑，都比較嚴肅。其實我從這些參賽選手的體格，就看得出來比賽的難度。因為，就算是業餘組，幾乎每個選手都是纖細的長腿加上強壯厚實的上半身，一看就知道是經驗老到、訓練有素的鐵人！

週五就在忙忙碌碌檢查裝備下度過，當天晚上，我們三個人在房間都安安靜靜地各自整理，準備隔天一早的廝殺。

週六清晨五點，我一開門，「Oh shit!」風依舊吹著，好冷啊！

摸黑到了現場，七點準時開賽。大西洋真的很漂亮，水很清澈，但由於職業組和業餘組同時出發，彼此只相隔了幾步之遙，所以一下水就開始大混戰。我的水鏡被打掉三次，防寒衣還差點幾乎被脫掉——拉鏈被拉到底，是什麼情形啊？更慘的是，還被歐洲大漢壓到水下好幾次，我感覺自己就像一隻魩仔魚游在一群鯊魚中間，游完第一圈，感覺就像是邊游邊打架！

游泳上來時，我是第十三。緊接著，來到強風環伺的一八〇公里自行車賽程。通常到了自行車賽程，我都會很開心，因為可以一個一個往前追。但是今天，迎面而來的第一陣風，就讓我開始騎斜線了——對，風大到無法騎直線！而且我們從南邊騎到北島，強風還會更大，想到歐洲選手對於這種強風應該早已適應，我的心涼了大半截！有一段路，風更是大到後輪一直搖晃，然後我又狂加速，加上我個子比較小，心裡一直擔心會就此飛出去。後來查了Garmin的紀錄，當時時速高達八十一公里。這次的總升落差七四四七英尺、總降落差七四八六英尺，破了我平常的訓練紀錄。自行車段因為賽道有一些下坡急轉，若是可以更早一點來，多騎幾次，知道下坡的路線狀況，我會放膽衝出去，可以再多追回一些時間（歐美賽要是經費允許，應該早兩週來適應時差和習慣路線）。

一路迎戰狂風，到了北島，旁邊是湛藍的海洋，遠遠望去是火山岩的荒蕪壯麗，我不知是太感動還是太辛苦，看到如此美景，竟然有一種騎到地老天荒的感

83
ZIV
ceepo

動，胸口熱熱的有點想哭呢。

這次自行車項目，我的表現不算好，最後只追到了兩位選手。回到島的南邊，開始跑步，我便發火狂追。

之前我們在評估賽道和競爭對手之後，剛開始設定要跑第六名。但當時才排第十名，所以我開始以一八〇～一九〇的步頻、一公里四分三十秒的配速往前跑，中間有時掉一點點，但一直保持穩定的步伐，從第十七公里開始超越，二十八到二十九公里處追上了第六。

這個賽道雖是平路，但是仍有強風，我好幾次腳背還打到自己的小腿，所以也不敢亂衝。後來導演和姊姊在旁喊，追到第四了，有機會追到第三，於是我在最後五公里火力全開，快速逼近。沒想到當時大會廣播，第三與第四名鹿死誰手尚未揭曉，跑第三名的選手轉頭看見我正在追她，也開始狂奔，最後追近只剩兩分鐘，我仍以第四名進入終點。

衝線前，Kenneth Gasque 老先生看見導演在牌樓旁一直尖叫，於是轉身把完賽獎牌給她，請她進去衝線處幫我掛上獎牌——再次覺得 Lanzarote 賽事單位好有人情味。

第四名，還好，沒丟亞洲職業選手的臉！

這次的冠軍，是在馬來西亞贏得冠軍的 Diana Riesler，經過兩次比賽，我們已經成為好朋友。她也是個狠角色，曾經騎自行車發生車禍，鎖骨斷掉，手術第一次沒開好，還開了第二次。我發現，強大的女鐵人都一樣，身心都經過千錘百鍊。最後她也邀請我，冬天時去和她一起練習，能夠跟更強的選手練習，進步更快，真是太開心啦！

比賽結束，很多老外都跑來跟我握手道賀，甚至機場免稅店的小姐都認出我來，還跟我說：「Good job!」害得我有點不好意思……

的確，很多大型歐美賽事中的亞洲參賽者寥寥無幾，但是我有信心，在未來的幾年要在國外的賽事中贏得好成績，讓國際的鐵人三項舞台知道有個黃皮膚的小短腿 Shiao-Yu Li。

遇強則強，遇關就闖

二〇一五日本 IRONMAN 一一三公里職業賽

為了至少符合晉級世界總冠軍賽的資格，要有兩場一一三公里賽事的積分。二〇一五年，我選的兩場就是離我距離最近的台灣和日本 IRONMAN 70.3（一一三公里）賽事。之前二〇一四年十一月（算在二〇一五的賽季裡）已經在台灣的一一三公里 IRONMAN 贏得第五，而剩下一場，就是日本職業賽。

五月二十三日才比完西班牙，轟轟隆隆坐著飛機回到台灣已經五月二十八日。接連幾天一直調時差，讓我回來後一直處於昏沉狀態。Japan IRONMAN 70.3，是兩週以後的六月七日，若不是因為累積積分，以及旅程較近、一切比較便宜等等考量，我還真的不想參加。

當然，最後我還是咬牙出賽。

出發前評估情勢，大概是第三吧。因為對手也都是一一三公里的常勝軍，而一一三公里比較短，我又通常是比到一半才開始有感覺。所以就努力爭取名次好一點，能多一點積分就多一點，離目標才能越靠近。

開賽前一天，很幸運能夠和日本教練 Tomoo 和 Keiko 選手相逢，大家一起仔細地勘查路線和地形。雖然已經參加過本場次有三次了，但這次的自行車與跑步賽道都改了，變得更複雜、更難，尤其是自行車賽道有更多的急轉，跑步也增加爬坡路線。前一天記那些路線已經搞得我相當疲憊，連晚飯都只有在超市買買現成的，就速速回去休息。

一開賽，其實任何的預測或想法已經拋在腦後，就是全力殺出。

游泳，我沒有落後太久，自行車因為做過詳細的路線勘查，知道哪裡可以加速，哪裡需要注意，省力很多，大概追到第三的時候，就知道有機會了。我約莫在六十公里處（因為轉彎較多）開始看到對方，心裡知道有些勝算。

到了跑步賽程，因為沒有折返，還有上上下下都有坡度，看不到前面的選手，一開始其實沒有那麼大的把握，但是體力等等都還不錯，我就是保持自己的節奏往前，到了第十五公里，終於看到了第一名的背影。追過她的時候，我一點也不敢大意，因為只剩幾公里比賽就要結束，我拚全力加碼往前衝！

雖然從二〇一二年轉戰職業選手以來，每一年都拿到一個國際賽的冠軍，但之前都是長距離二二六公里的冠軍，今年是第一次拿到一一三公里職業賽的冠軍，連我自己也很驚訝，很興奮。這個賽道的主辦單位加重了強度，比往年都困難，但顯然我在越艱難的賽道，似乎表現得更好。就像兩週前西班牙的比賽，雖然風好大，競爭對手也好強，但我竟然也跟著更強。人的潛力真是不可思議！

我喜歡這種感覺，我喜歡遇強則強、遇關就闖的自己。

滂沱雨勢中，大狂追

友善的二〇一五 IRONMAN UK

西班牙比賽完，算算積分，我可能要再比一場二二六公里的積分比較保險。冠軍選手 Diana Riesler 建議我可以挑 IRONMAN UK，她說這場比較難，自行車賽道有很多爬坡，很適合我。小小團隊討論之後，決定七月再度殺到英國比賽。

坐了將近二十個小時的飛機，到了英國曼徹斯特，這是我第一次到英國，覺得有點新鮮。這次同行的還有攝影師王嘉菲，她之前曾經留學英國，所以除了負責幫我們拍照、開車，還是我們的英國小導遊。三個人從曼徹斯特開車到波頓（Bolton）這個小城市準備比賽。

一開始幾天有點下雨，氣溫有點低，我們在雨中勘查自行車賽道的地形，一開車和GPS一比對，看到狹窄的鄉村小道和不到一公里就轉彎的地形，我們就心知原來這場號稱英國第二難的 IRONMAN 賽事，簡直就是迷宮大考驗。萬一騎錯，就完蛋了。

之後我們又去游泳賽道 Penning Flash 國家公園勘查，只見許多野鴨天鵝優遊自在地游著，除了有點屎味，湖面還算平靜清澈，應該還好。

在英國準備賽事的時候，還發生幾個小插曲。其中之一，就發生在導演一個人開著補給車陪著我的那幾天。英國的路很窄，路上車子多、開得也很猛，再加上方向盤在左邊，原本就已經比較不習慣了，何況她一個人開車的同時，還得檢查路線、對照GPS，還要幫我指路、注意來車保護我的安全。就這樣開到了一個小鄉村，她為了閃避對向快速衝來的車子，方向盤一轉，居然把停在路旁的車子後照鏡撞掉了。

「我剛剛撞到別人的車子了。」導演追上我，心急地拉下車窗喊，眉頭深鎖。

「一大早沒有人看到，而且車主應該有保險……」我本來想建議她一走了之，但轉念一想，導演為人誠實正直，一走了之只會讓她良心更加不安。

「走吧，我們回頭！」我說。收了車，我們一起回去等車主出現，向對方親自道歉。等了一陣子，車主終於出現了，是一對老夫妻。他們知道我們竟然等在旁邊後，稱讚我們好誠實，還請我們去家裡喝咖啡聊天，安慰我們不用擔心。鄰居們也紛紛前來探望，讚美我們好誠實。走的時候，老夫婦還 Kiss us goodbye，說他們一定會幫來自台灣的我們加油，真是好親切的英國居民啊！

後來，我的自行車也發生一些夾器的問題，所以到處找車店解決。還好我們這次來英國提早了幾天到，才有時間應付這些突發狀況。許多有心拿冠軍的歐美選手到亞洲比賽時，至少都會提前一個月到亞洲，也許不是到比賽場地，但至少會找個環境氣溫類似的地方來適應，然後在十天前到賽場開始練習。這樣妥善的準備才能確保有傑出的成績表現——好希望之後我們也能有足夠的財力，可以跟他們一樣有充足的事前準備，表現出最顛峰的成績！

比賽當天，一早就下起雨來。在這裡，一下雨氣溫會跟著下降，我心裡暗暗喊 shit，但是因為有太浩湖的更低溫度體驗，所以十二度還勉強可以接受。

但沒想到的是，游泳一上岸，竟然下起傾盆大雨，視線更是模糊，我很擔心騎錯路線。所以每到轉彎處，就放慢速度確定是哪裡才走，日本選手 Keiko 原本是第二名，卻和另一個選手騎錯路，一下子落後到第七。而我的夾器也出問題，卡住輪子，所以自行車項目沒有追上太多選手。我除了一整個火大，生自己的悶氣，也只好硬騎。好不容易完成自行車，開始馬拉松賽程，我又上演大狂追的戲碼。

最後，我拿到第五名的成績。前四名都是熟門熟路的英國選手，由於這種艱巨的歐美賽事，通常沒有什麼亞洲選手會參加，我能拿到第五，而且跑步成績還是女子第二，其他職業選手都覺得很驚訝，還說我這場可以有這種成績，不如去挑戰英國第一難的 IRONMAN Wales……（原來職業選手也很會互相推坑！）

波頓的東方人真的很少，所以我們不論到哪裡，幾乎都有人問我們從哪裡來，來做什麼，因此也認識了一些新朋友。有一家餐廳我們幾乎每天晚上都去光顧，餐廳經理知道我們來比 IRONMAN 非常開心，因為她的二十歲兒子今年首次參加 IRONMAN 比賽。比賽當晚七點多我們先到餐廳吃飯，聊著聊著快到十點，她的兒子打電話回來說他完賽了。媽媽激動得似乎都快要落淚，而我們一起在餐廳舉杯為他歡呼！

我很喜歡長距離鐵人比賽的一個原因，就是雖然這是個人的比賽，而且絕大部分的人都是素人，但大家都不是嘴上說說而已，都會為了這個目標而訓練奮鬥一段時間，並在比賽的時候忍受許多痛苦，最後終於抵達終點。而旁邊的人也都會受到鼓舞般地感動興奮著，彷彿自己也可以完成一項艱難的任務。

這場比賽，也是二〇一五年一些熱情的女鐵人成立李筱瑜官方後援會之後，首次為我發起賽事現場連線報導。導演除了馬不停蹄地在賽道不同點為我測速、報名次，還充當現場連線主持人；而在台灣的朋友除了從比賽前就錄製加油短片，當天也聚集起來或透過網路看比賽，一同為我集氣加油。

能夠帶著這麼多人的鼓勵和支持跑進終點，這種感覺以前不曾有過，真的很幸福，讓人衝勁十足！

練習曲

除了鐵人三項，我還比過自行車、馬拉松、登高賽、越野挑戰賽……我刻意透過不同方式，來刺激自己的體能。當然啦，也許真正的原因，根本就是我貪玩而已。

23

上坡容易下坡難

第一次參加自行車賽

游泳上岸，進入T1轉換區換裝，穿好車鞋，戴上計時帽和運動太陽眼鏡，一邊跑一邊把車子快速推出轉換區，開始往前踩上一八〇公里的旅程。

大型的國際賽場，出轉換區時是相當熱鬧的，選手們都在搶時間。三鐵車一台台咻咻咻地往前衝出，豔麗的圍欄和旗幟都是知名廠商的商標，沿著筆直的道路為選手排開一條康莊大道。這裡通常也是圍觀群眾最多的地方，大家除了猛按快門，也趁勢大聲加油。隱約還可以聽到主持人喊著某某選手即將上岸，幾號選手已在計時車上……，我彷彿聽見路邊有人喊著我的名字，但是，我已經無法分神，只顧著專注往前衝……

出了轉換區不到五分鐘，這些掌聲喧囂就會逐漸消失，只剩輪軸轉動、風聲，還有自己的心跳聲。就像大部分的人生一樣。

獨自前行，不論有沒有加油聲、掌聲，或是噓聲。

「我們去比自行車賽吧！」我姊提議一起去比賽。那時候應該才二〇〇〇年。我當時對於自行車什麼都不懂，也不曾在戶外騎車，當然也沒有車子。

「我連車子都沒，怎麼比？」我問。

「沒關係，車店老闆會借我們。」姊姊說。

就這樣，比賽當天一大早，我們去故宮集合，準備參加「平等里爬坡賽」，那是我的第一次自行車賽。

那天因為起了個大早，沒睡飽，原本就有點不開心。到了現場，看到大家都穿著標準的車衣車褲，牽著看起來很高檔的車子，而我只穿著T恤和短褲，什麼都沒有，感覺很遜，心情更糟。

「你這台車子多少錢？」我隨口問了一下旁邊看起來像高中生的男選手。

「十幾萬。」語氣相當輕鬆。

「蝦密？」我一整個嚇到！那時候一台摩托車大約三萬元，這什麼鬼自行車，竟然那麼昂貴？有沒有搞錯？

後來姊姊的車店老闆朋友牽來了兩台車，說先前是給男子組的選手騎，他們比完才輪到我們。

我們說不會變速技巧，老闆說沒問題，會幫我調好。

「這樣就可以了嗎？」我問。

「你就往前踩就對了，都不用變檔。」老闆豪邁地說。

「還有這件車褲，你拿去穿。」老闆接著說。

換好了車褲，我覺得自己的屁股超大、超肥，根本像包了一件成人紙尿褲。然後我瞄到旁邊有一群女子組選手，個個裝備都花稍新穎。對照之下，我的身形，以及那天我穿的T恤……T恤背後剛好是一堆髒話的圖案，應該相當吻合我當時的心情吧。

出發前，我斗膽問了其中一位女子選手。

「啊請問……接下來要怎麼騎？」

「跟在後面就對了。」她冷冷地說。

「切～踐屁，這種比賽以後還是不要來了。」雖然我嘴裡說謝謝，但心裡超不爽地嘀咕。

一出發，就開始爬坡。其中一個女生，感覺好像很厲害，因為好幾個男子選手都圍著她，形成一個小隊。現在想來，應該是他們在幫她配速，但那時候哪知道這些，我只知道要跟在後面。

但很快的，我就覺得無聊了。

「吼，怎麼騎那麼慢啦？」把心一橫，索性超過了他們。

衝了一陣子，因為不會變檔，只好站起來一直抽車，邊抽邊覺得快受不了。這時剛好碰到早已出發的男子選手攻頂後又溜下來繼續爬一回，於是我追上其中一個男生，問他：「還有多久才到？」

「快到了啦！」他邊說邊偷笑，可能覺得我騎得歪七扭八的樣子很好笑吧。

「$%#^$%……這些人真的很不友善耶，」我心裡再度嘀咕：「而且一台車還那麼貴，以後不要參加自行車賽了。」

「女子組……快到了！」大會廣播此時響起，我雖然聽不清楚前面說什麼，但是聽到「快到了」這三個字，就趕緊加速，沒想到，就這樣，騎進了終點拿下了冠軍。這時我才明白，原來剛剛廣播的那句話是：「女子組第一名快到了。」

「嘖嘖，好累，無聊的比賽……」我把自行車放到路邊，走到一旁等姊姊。

不一會兒，姊姊也騎來了，是第二名。姊姊在出發時，因為套鞋套失去平衡倒在地上（哈哈哈），大家都越過她出發了，她是從最後一名往前追的。

「那個很多男生一起陪騎的女生呢？」姊姊問。

「啊災……」我搖搖頭。

等了好久，那女生才出現，一看到我們，把自行車丟在一旁，竟開始哭了起來，而且是直接趴在地上哭。

「有必要這麼誇張嗎？」我跟我姊說。

「小聲一點啦，人家是國手耶，練很久ㄋㄟ。」姊姊把我拉到一旁說。

我真是從頭到尾都不知道她是誰，只覺得怎麼騎那麼慢，所以就照自己的速度騎，也不會變檔就衝上來。六公里爬坡賽，成績最後是十六分鐘還是十八分鐘，我也忘了。

那一天，我和我姊都是第一次騎公路車，能騎上坡就已是很厲害了，當然沒有騎下坡的技巧。所以比賽結束後，只會乖乖地把車子牽下去，比起其他選手順暢地騎下山，我們真是遜斃了，完全不像冠軍和亞軍該有的帥氣。

後來有一次，姊姊又找我參加繞圈賽，我也是借了台自行車，穿著一般的運動服就去了。到了現場，可能有人發現我們就是上回爬坡賽的冠亞軍，有一些車隊就更不友善了。姊姊怕我們被這些車隊整，比賽時容易發生摔車等意外，就厚著臉皮和對方打招呼，很低調地謙稱我們只是來玩的，拜託不要夾殺我們。姊姊還說，她可以最後出發。但其實她偷偷告訴我，要我一出發就趕緊衝出去，不要和集團在一起，以免被做掉。顯然，我姊也是有戰術的。

我那時可能個性還很叛逆吧，就覺得很想試試車隊的團體戰到底有多少能耐。所以一出發，我就往前衝。姊姊果真最後才出發，但是很不幸的，這些車隊半途卻出了意外撞在一起，所以我一路騎到終點得了冠軍，姊姊繞過後來撞在一起的選手，又得了第二。

比賽結束要回家，我們姊妹倆拿著超重的獎盃（真的好大好重），放在摩托車前面腳都夾不起來，然後人家還一直看，害我覺得很不好意思。

再一次，因為當時的自行車隊不太友善，心裡好受傷，覺得自行車賽超難玩也就沒繼續比賽。一直到了二〇〇二年，我因為看了《重返豔陽下》這本書，買了一台自行車開始環島，參加三鐵賽，又參加自行車賽，才找回騎乘自行車的樂趣。

之後幾年，我曾經參加好多自行車賽，也常拿到冠軍。但因為自行車賽其實不是個人賽，得和車隊有戰術使用和配合，而我一直都是一個人，比較不習慣這樣的練習和比賽思維*。加上台灣的自行車賽有時因為交管不易，大家蜂擁而上，騎成一團很危險，我就不再比自行車賽了。

---

*五一．五公里的三鐵錦標賽可以輪車，所以自行車項目還是可以運用車隊戰術來提升個人成績，但是一一三公里和二二六公里的長距離三鐵賽，嚴格規定不能輪車，是一場完全要靠個人努力而完成的比賽。老實說，我比較喜歡這種。

電線桿下的約定

享受單車環島的樂趣

每場鐵人三項的自行車賽道，都會有不同的「賣點」。就像高爾夫球場的設計一樣，主辦單位會巧妙地設計路線，讓二二六公里的全程賽道有著高潮迭起的挑戰。例如前面提到的二〇一五年 IRONMAN Lanzarote（西班牙）地形，就是繞島半周。途中除了經過狹窄蜿蜒的村落道路，也會騎過開闊的海岸線，雖然比賽要很專注，但是我很喜歡在那樣的景致，享受盡情踩踏的感覺。

短距離比賽就需要一直專注著往前衝，而享受騎乘，是長距離比賽中才有的樂趣。就像我前幾年好幾次的自行車環島，雖說是一種耐力練習，但是當中所發生的種種趣事，似乎只有騎著自行車才能享受得到的。

前面提到我的第一次騎車環島之旅，根本像遊民出遠門，背著個破包，穿一件T恤就上路了，沒帥氣的車衣車褲，一點都沒有一身勁裝的專業感。後來幾年，我把環島當成是一種長距離的練習，也是一種離開城市喧囂的放鬆。不過，時間通常是在過年期間，或是剛好有連續幾天假期才出發，有時候就是前幾天才說定，說走就走，不會想太多。

有一次我和鐵妹兩人，決定第一天就從台北騎到台東找原住民朋友。結果，到宜蘭時因為雨下個不停，又濕又冷，我一直吵著不要騎了，鐵妹還以為我只是開玩笑，所以沒有真的停下來準備折返。最後，我們還去摩托車店買機車專用的雨衣，胡亂裹一裹上路。騎到台東已經快午夜十二點，再加上是過年，原住民的朋友們早已喝得差不多了，迷迷糊糊中只告訴我們，會在第幾支電線桿處等我們。

結果我們騎了好久，才終於找到對方。儘管已經大半夜，原住民朋友看到我們，還是很熱情地邀請我們吃菜喝酒。我們其實已經累癱了，但看到他們興致高昂地說著笑話喝酒，也被感染了過年的歡樂氣氛。自行車的旅行真是相當隨意啊！

北宜路上沒路燈！

半夜嚇破膽的自行車之旅

有一次環島，是從東岸騎回台北。那次環島，天天都在下雨，我們一整隊每天都泡在雨裡十幾個小時。

最後一天，我們決定從花蓮騎回台北。由於是結伴一起騎，所以剛開始挺順的。但騎啊騎的，因為實在太冷了，我們還是停了下來，跑到雨具店買雨衣。老闆也很好心，問我要不要換乾的衣服，給我舊的乾衣服換。

換了衣服，我們繼續騎。快到宜蘭時，又出狀況，這回是我的腳踏車爆胎了。我跑去警察局求救，警察很好心地帶我去某一家車店換胎，然後繼續前進。

勉強到了宜蘭，隊友們受傷的受傷，失溫的失溫，於是大夥決定，放棄繼續前進的計畫，改搭火車回台北。除了我。

我平常很少騎戶外，所以對於路況、對於一天該騎多少公里之類的問題沒什麼概念，只會很隨性地騎。而當時不知天高地厚的我，決定當天無論如何都要騎回台北——老娘今天就是要騎著車子回家啦！

就這樣，固執的我一個人上路。到了羅東，又爆胎一次，真衰。當時已經下午四點多了，好不容易找到了一家捷安特車店換胎，老闆看我淋得濕答答的，給了我一件某場比賽贈送的紀念T恤換上。天色已暗，但我還是憑著一股「老娘今天就是要回台北」的意志力，拚上北宜——當時已經傍晚五點了。

騎著騎著，「媽啊，怎麼都沒有路燈？」我突然發現。

我從來沒有在晚上騎過北宜，所以不知道原來路上是沒有半盞路燈的！我在羅東換胎的地方是買了一個小車燈，但一點用都沒有，整個山路暗到伸手不見五指。幸好當時我並不知道，北宜公路上有很多鬼故事，只是覺得：這麼暗，要怎麼騎啊？

恐怖的來了。沒多久，我看到對向車道迎面而來一道車燈，經過我身邊之後，竟然在我後面迴轉，跟了上來！而且，他還慢慢開，慢慢開，慢慢跟在我後面。

「媽啊，是變態嗎？」我心裡一驚，更加快速度抽車。沒想到，他竟然跟上來，我繼續瘋狂抽車狂飆，但無論如何都甩不掉他。

後來我真的抽到腿軟了，心裡想，算了，要殺要剮隨便你，我騎不動了。所以我真的停了下來（等死的放棄心態）。

那車子，竟然也跟著開得很慢很慢。我好剉好剉，心裡怕得要死，慘了這下肯定有事。

就在這時，車子緩緩靠近我，車窗搖下來。我不敢正眼看裡面，只敢用斜眼瞄，似乎是一個戴著黑框眼鏡的男士——看起來真的超像變態。

「你騎到這裡囉？」他突然開口。

林老師咧！我終於認出來，原來是先前一起環島騎車的其中一位男生！他原本騎到宜蘭就先坐火車回台北，但因為擔心我自己晚上一個人騎北宜，沒有路燈很危險，所以特地開車來找我，用車燈幫我照路。

吼，怎麼不早說！害我狂抽車不知抽多久！有必要莫名其妙害我練到爆嗎？我心裡的ＯＳ很多……

他問我，要不要載我回台北，我堅持不要，一定要自己騎回去。於是他一路開著車，尾隨在後幫我照明，直到我騎到家，結束這場又冷又濕又嚇破膽的環島之旅。

通常我的騎車環島情況就是這樣：只準備很簡單的配備就上路，沒有那麼好命有補給車 stand by 解決困難。加上我通常會自己設定，一定要在幾天之內完成目標，所以就像那首〈大黃蜂進行曲〉一樣，一旦出發就馬不停蹄地……踩踩踩踩踩……當然，意外也會三不五時報到，但也因此，讓我累積了許多臨機應變的經驗，也不知不覺鍛鍊出長距離的騎乘耐力。

不過，不管你是男生還是女生，其實一個人環島的確比較危險，有個伴互相照應還是比較好，莫名其妙嚇出一身冷汗的機率也會低很多。

辛苦又甜蜜的大漠之行

第一次參加蒙古登山車比賽

「GOGOGO～」

一般來說，二二六公里的超鐵比賽中，有時經過的賽道人煙稀少，你只有天地作伴。不過，偶爾也會遇上有趣的加油團。尤其在國外比賽，熱情的粉絲們真的很有巧思，有的就像在看節目一樣，搬出躺椅、露營桌等，大夥邊吃邊喝邊聊天邊加油；有的舉著花稍的海報，搖著 IRONMAN 牛鈴吶喊；還有人會穿著內褲、披著超人的紅色斗篷，像變態似的跟著選手奔跑……看到這些好玩的加油團，有時真的會岔氣笑出來。

但我在二〇一一年所參加的蒙古登山車比賽，卻是騎了老半天，沒遇到半個人影。加油團就是那些在草原上吃草的羊兒，以及瞪著你看的駱駝和犛牛……

那年，我收到來自國際蒙古登山車賽亞洲區負責人的邀約，請我去參加七月在外蒙古舉辦的第二屆國際登山車大賽。那是一場十天共九站的賽程，每天都要騎過不同的路線和地形，有沙漠、森林、草原，而且天氣溫差很大，應該算是一場很艱辛的比賽。

當時，導演和姊姊聽到這個消息，覺得我一個人去那麼遠的地方比賽那麼多天會很辛苦，就說要陪我去。由於那是一場很特殊也很困難的比賽，行前還有電視台跑來訪問我，問我如何適應沙漠高溫、事前如何訓練等等。後來也獲得幾個廠商在禦寒裝備上的贊助，一行三人便從北京轉機，再到蒙古的首都烏蘭巴托。

那次比賽，是個很有趣但挺辛苦的行程。在烏蘭巴托參加開幕儀式之後，我們搭乘小飛機到靠近戈壁沙漠的第一站。飛機從烏蘭巴托起飛，我們看見的是一望無垠的草原和遠山，我們就像部隊駐紮在野地，除了每個選手分配一個小帳篷，還有廚房、賽事單位、自行車維修、媒體區等帳篷區。每一天所有的人都要移防，隨著我們出發到下一站駐紮在新的區域。

結果出發到起點的前一天，剛好是生理期第一天（我不會因為比賽而吃藥調整生理期，雖然麻煩，可是這樣比較自然，長期來說對身體較好），肚子痛到無法起身，身體也很虛弱，只好躺在醫務帳篷中。主辦單位一度很擔心，怎麼還沒開始比賽就有選手出狀況……

隔天開賽，我還是忍著不舒服，牙一咬，就出發了。

這次的登山車比賽其實沒有什麼路線可言，反正就是往前騎，只有少數要上山或比較特殊的轉彎點，才有小小的指標。第一站在終點前我一直都是第三名，最後進終點前有一個很陡的下坡，幾乎有三十度，中間還有坑洞和轉彎，導演和姊姊就在那個點等我，提醒我那一段很危險，要我小心。我有點怕，因為我向來都是騎公路車和計時車，沒練過這種下坡技巧。就在猶豫的當下，後面一位義大利的女選手卻快速衝下去，結果第三名就被她拿去了。既然第三名飛了，我想了一想，算了，還是牽車子下坡，俗辣就俗辣吧，摔傷了後面幾天都不要玩了。

第一天，我們騎了超過一百公里，但我因為長時間踩踏，兩腿內側被衛生棉切割出兩道很深的傷口，第二天傷口開始發炎。接下來幾站，我一邊騎，一邊咒罵、哀嚎。我試圖把椅墊包厚一點，不讓傷口那麼痛，但都只能維持一下下而已，整天的比賽還是都在刺痛之中度過。

這九站中，騎過的風景有嚴峻的怪石嶙峋、青青草原上炊煙裊裊的蒙古包、長毛在風中搖曳的氂牛緩緩走過，還有山坡上奔跑的野駱駝、茂密的森林山巒、低頭吃草的野馬和綿羊、風沙滾滾的沙漠、扛車經過清澈冰冷的河水，每一天，都有新的挑戰。但是，每一天我的傷口也都痛得要命。

我原本沒有自己的登山車，這次比賽用的車子是廠商贊助的，尺寸有點大，椅墊也沒時間更換，比較硬，我身上又有傷口。其中有一天，我們所經過的七〇%的路段，都是碎石子的河谷，我站著抽車抽了好幾個小時，因為根本就痛到沒法坐在椅墊上。反正我一路上一邊騎，一邊痛得不斷大吼大叫，連老外選手都嚇到了。

導演和姊姊每天坐著一台舊式蘇聯的軍用麵包車，一路跟在我後面走，拍攝了許多我孤獨地在蒙古草原上騎車的身影，以及我好幾次摔倒的鏡頭。有時候她們會先開到前面的山頂，讓我可以看得到路。到了晚上休息時，她們會幫我按摩，還好有她們在，要不然我可能就撐不下去了。

她們每天看著我的傷口，會一直安慰我說快好了，想讓我安心。但有一度發炎與化膿的情況惡化，加上騎車又是風沙泥土汗水等等很髒，她們怕我感染擴大就糟了，於是，有天導演問我：「還要不要繼續比？」

是很痛啦，但我不想放棄！放棄的感覺，反而會讓我更痛吧。

好幾次已經停下來休息，車子也躺平在地上了，但我想一想，還是牽起車來繼續騎。有一天起來，發現不知道是哪位選手佛心來著，放了一個比較舒服的椅墊在我的車子上，我猜想這應該是他的備用椅墊——大概是覺得我沿路上鬼吼鬼叫，想圖個耳根清靜吧（哈哈）。

基本上，會來參加這個比賽的車手，都是酷愛冒險的瘋狂老外，其中大部分是歐洲人，還有幾位是加拿大有名的登山車車手。有一天駐紮在沙礫區，風沙好大，吃飯時食物裡都是沙，大家還是若無其事地照吃不誤。有時候晚上溫度驟降，一早醒來放在帳篷外的鞋子等用品統統都結冰，大家仍然默默地著裝準備比賽。一整天騎下來，全身都是黃泥沙土，臉上不是曬傷、凍傷，就是嘴唇乾裂，還有人摔傷流血。但就算如此，晚上吃飯時大夥兒依舊談笑風生，甘之如飴。喜歡登山車的族群果真有種縱橫山林、不拘小節的氣魄啊！

蒙古是一片清靜詳和的遼闊大地，空氣中的氧氣純度很高，所以身處其中，格外讓人精神抖擻。舉目望去，四面八方都是寬廣視野，對於長期生活在都市，視線常常碰壁的我們而言，真的是奢侈的享受。到了夜晚，滿天繁星點點，靜靜地凝視著我們，只有風聲呼嘯而過，感覺和宇宙好靠近。我很喜歡貼近自然，騎自行車、野跑……都會讓我覺得爽快自在與寧靜。

到了第六天，是我們的休息日。大夥兒駐紮在一個小河旁，可以自行洗車、洗衣、洗澡、做日光浴，想幹嘛就幹嘛。有兩個牧民小孩騎著馬經過，好奇地瞧著我們。當然我們也在好奇地看著——他們真不愧是蒙古草原的孩子，騎在馬背上一整個渾然天成。

幸好能休息一天，我的傷口好了一點，所以隔天第七站又拿到第三。可是傷口也於同一天再度裂開，最後九站能全部完賽，我也感到不可思議。

這場登山車賽雖然讓我筋疲力竭，但風景如詩如畫，也見識到國外登山車選手的彪悍狠勁，下坡急衝的過人膽識。日後若有機會，我還真想重新準備，在那片壯闊的天地中瀟灑踩踏。

每一公里，都有著選手的故事

我愛馬拉松

我是在二〇〇四年，開始比馬拉松。在那之前，我在好幾次五一．五的三鐵賽，都拿下冠軍，於是想要挑戰看看別的比賽。聽到人家說馬拉松很難，總是會在三十公里的時候撞牆。真的嗎？我心想。既然大家都說難，那我就去試試看好了。

同樣的，我跑馬拉松也是沒人教，完全只是基於我對體能訓練的認識慢慢摸索的。首先，我選擇從三公里、五公里開始比，然後十公里、二十一公里，最後才去跑全程四十二公里的全馬。因為我知道，必須循序漸進，才不會受傷，也能夠穩穩地培養實力。

不過，我當時因為不喜歡浪費時間在戶外練習，所以一開始都在健身房的跑步機練，既安全又有效。但跑步機的缺點，就是無法幫你練到下坡的跑法，這個缺點，讓我在第一場二十一公里的太魯閣馬拉松吃了點苦頭。因為，平常練習的時候關節很少受到下坡跑步的衝擊力，所以那天下坡沒多久，我就感到膝蓋不太舒服，後來甚至有點痛，然後是很痛很痛，最後膝蓋的刺痛讓我只好停下來。當時有機動性的醫療組騎著摩托車經過，我把他攔下來要繃帶。

「要不要停止比賽？」醫護人員問。

「不用，請給我繃帶。」

「真的要繼續比嗎？」

「我要繼續比啦！給我繃帶就好了。」

他有點猶豫的把繃帶給我。我把繃帶用力纏繞痛處周圍，也給肌肉加壓，然後繼續往前跑。到最後只跑出第五名。心底不太滿意。

隔年我又參加，但這次我有了在戶外下坡路段練習的經驗，所以身體習慣了，就拿了冠軍。之後再去參加，也是拿冠軍。我很喜歡太魯閣的路線，若是有國外友人問我，台灣哪一場馬拉松好玩，我都會推薦這個路線，風景真是太棒啦！後來二〇一四、二〇一五年我連續擔任太魯閣馬拉松的活動代言人，不但有機會回到那裡，每年都看見更多人跑得更好更快，心裡覺得很開心。

我的馬拉松賽從二〇〇四年一直持續好幾年，二〇〇九～一〇年更是瘋狂，有時候幾乎每週一馬，每月三馬這樣跑。一開始，只是把比賽當成到外縣市去走走玩的機會，後來因為想要存錢出國參加三鐵國際賽，所以「拿獎金」也成了我跑馬拉松的動力來源。

二〇〇九年，我連續兩週得到台南馬和高雄馬的雙料冠軍——那是台灣首度把冠軍獎盃留在國內，在這之前，都是非洲選手勝出。而且由於是連續兩週奪冠，媒體也覺得不可思議而大加報導。我因為在高雄出生、在台南長大，所以更覺得這兩個地方真是我的幸運之地。隔年（二〇一〇年）我又在高雄馬得到第一名，也獲得二十萬的獎金。這筆錢，後來成了我去夏威夷世界總決賽的基金。

身體裡，有一個熱愛跑步的靈魂

金門馬拉松／North Face 一百公里大賽

我連續參加了好多屆的金門馬拉松。

為什麼跑到金門參加呢？因為獎品是高粱酒，加上金門的燒餅超好吃，所以當協會邀請我，我都會去。而且那時候本來和朋友豪邁地相約，要連續去個十年，收集到每一年的金門高粱，然後選在某一年打開來慶祝。

第一年去跑，金門的居民好熱情。他們興奮地在路邊加油，不同於台灣的穿著，是穿著棉襖帽子敲鑼打鼓放鞭炮，畫面好像時光倒流，我被這樣的熱鬧嚇到，也覺得好新奇！因為在其他縣市路跑，比較少像在金門這樣，有當地居民會出來一起加油。不過後來幾年去金門時，覺得越來越冷，越來越冷，一邊跑鼻涕都流出來，加上二〇一〇年起也要專注在三鐵比賽上，就沒再參加了（也是因為家裡的高粱酒已經很多瓶，應該夠喝了……哈哈）。

那幾年我在國內馬拉松的成績很好，所以有幾次是以冠軍身分代表台灣參賽。有一次，是在國道馬拉松得到冠軍後，代表台灣參加澳洲黃金海岸馬拉松，那是我第一次見到，跑馬拉松原來可以有這麼歡樂的比賽氣氛。當選手們跑過住宅區的時候，居民除了大聲加油，還會把大型的音響拿出來，放音樂給我們聽。有些選手還很有創意，刻意穿著不同的裝扮一起跑；跑完之後，帳篷裡還供應紅酒、現做早餐等等。選手們的實力都很好，有一位仁兄的速度跟我差不多，但竟然還邊跑邊打電話給女朋友。我還看到參賽的選手中，有坐著輪椅的身障者，揮汗的神情令我更加振奮。總之，我發現國際級的比賽真的是一種全民運動，不論是參賽或觀賽的人，素質都很正面、活潑，這樣的比賽真是好玩多了！

二〇一一年我比了兩場 North Face 舉辦的一百公里越野馬拉松。那是台灣第一次舉辦一百公里的比賽，從風櫃嘴到擎天崗，整個陽明山大縱走，選手們得跑過許多碎石子的山徑和陡坡的路段，然後接到濱海公路。我平常練習的時候，最多只到六十公里而已，所以能不能跑完這趟馬拉松，我自己也沒把握。果然，到了六十幾公里時，就因為超出了我平常的負荷量而暫停了。我打起精神，趕緊伸展，在膝蓋處綁上繃帶，然後繼續跑。有朋友帶著我當時養的柯基犬「冠軍」，開著車子幫我加油，冠軍看到我，就一直叫一直叫，我看牠可愛急切的模樣，心情輕鬆不少，精神也抖擻起來。後來我一路領先，終點前幾百公尺還超過一位男子選手。

那一次的成績，是九小時三十八分三十一秒，拿到女子組冠軍之外，在男子組的排名是第四。進終點時，我抱著我的狗狗「冠軍」衝線，後來上台發表感言時，冠軍也一直汪汪汪叫地想跟著我，我乾脆把牠抱上台，短腿的牠實在是太可愛了！

多虧了冠軍的陪伴，整場原本充滿痛苦折磨的比賽，成了歡樂溫馨的經驗，而和我一樣短腿又可愛的柯基犬冠軍——也成了那天 North Face 100K 的超人氣吉祥物。當初養牠，就是覺得牠和我一樣都是小短腿很有趣，沒想到當天我們兩個小短腿都成了鎂光燈的焦點。

不過，那天跑完之後，我躺平了好幾天。因為肌肉僵硬痠痛，蹲不太下去，連上個廁所大腿都快抽筋了！

那一次比賽的成績，讓我獲得參加亞太區規模最大賽事 The North Face 100K 中國站的資格。這場比賽是跑野長城，也是很困難的山徑路段。我曾經一度膝蓋痛到不行想放棄，待在臨時的急救站裡，坐在裡面休息。我問工作人員，如果不想比了，要怎麼下山？他們說，可以等武警上山來背我，但是也要一個多小時以後。就在這時，旁邊一個人說：「呦，台灣來的？不想比啦？」我一聽，深呼一口氣，牙一咬，把繃帶扎一扎，決定繼續跑。反正等人來也要一個多小時，不如自己跑下去，省得被別人看扁。一路跑到山下，追成第四名。

總計算下來，那一年總共跑了兩場一百公里，實在是太拚了！

二〇一二年底轉成三鐵職業選手後，我才比較少參加馬拉松比賽。

不過，我的成績仍是國內馬拉松十傑之一，所以仍會有一些賽事單位邀請我參加，我也就只參加一些被邀請的比賽或是擔任貴賓領跑。但是有時看到國外有不同性質或是更難的路跑比賽，腿還是會癢癢的……有一次我姊和導演去上完一個薩滿的靈修課，說我前世應該是印加帝國的傳令員，每天可以跑好幾百公里甚至更遠，而龐大的印加帝國就是靠這些飛毛腿奔跑於驛站之間傳達訊息……也許吧，總之，我的身體裡住著一個熱愛跑步的靈魂。

「你跑步的時候臉很臭耶……」有一次姊姊在比賽後跟我說。

啊，都在追別人，當然臉很臭。

「是很凶悍啦！」導演說。

一定要凶悍啊，不然怎麼追得上，而且後面也有人在追我呢。

爬到快升天

新光與一〇一登高賽

除了馬拉松、自行車賽，我在轉為三鐵職業選手前，也參加過登高賽。之所以會想參加登高賽，是因為覺得很新奇，想挑戰不同的體驗。我們平常絕不會一次爬兩千多個階梯（就像一〇一登高賽那樣），所以想測試一下自己的極限。何況，獎金也不錯，所以就想玩玩看。

第一次參加的，是新光登高賽，總共四十六層樓一〇〇六階。一開始登階，還算可以忍受，沒想到，到了後來，腳越來越沉重，重到整個抬不起來，必須以上半身和手拉扶梯的力量，才能往上走。而且，因為登高賽事是在密閉的樓梯間內，空氣本就不流通，越到高樓層，氧氣會越來越稀薄，整個肺就像快炸開似的。上到頂樓之後，我喘到快呼吸不過來，兩腳也因為氧氣不足而痠麻到爆，心跳得過一陣子才能恢復正常。

在新光三越登高賽中，我連續幾次都拿到女子組冠軍。之後一〇一也舉辦了登高賽，我很快就去報名。可是，報名後我其實很緊張，每次經過一〇一，心跳就會加快。一想到要一口氣爬上九十幾層樓，我完全無法預測會碰到什麼樣的狀況。果然，第一次的一〇一登高賽，讓我體驗到那種喘到幾乎要死的感覺。

登高賽和長距離賽跑，是很不一樣的：登高賽時間較短，你無法猶豫，一晃眼比賽就結束了，因此你不能有所保留，只能盡全力往前衝。後來我因為一〇一登高賽拿到國內女子組冠軍，而應邀參加北京中央電視台登高賽，前後不到二十四小時往返台北，快速的節奏和什麼都要花時間的長距離截然不同。

能夠參加這種完全不一樣的比賽，對我而言真是很好的經驗。在轉職業選手以前，我會用登高賽來測試自己的能耐，若是登高賽有進步，通常當年其他的比賽也都會有所突破。我後來發現，那是因為當速度和爆發力增強，比賽成績自然會進步。

參加登高賽，必須注意一個很重要的關鍵，就是：意念。

很多人看到我登高賽的紀錄，就說我是沒有心臟啦、感覺不到痛苦啦等等。其實只要是人，參加登高賽都一樣痛苦不堪。很多國際上排前幾名的頂尖選手，通常一到終點就直接趴倒在地上了——那真的不是演出來的，是真的爆肝虛脫。許多馬拉松選手在跑步的成績比我好，肌力、耐力都很優秀，但到了登高賽，成績卻沒有很出色。

我自己覺得，這種高強度、短距離比賽，重點在於你有沒有一種信念，願意在痛苦中，再逼自己再快一點、再猛一點，再奮不顧身離死亡近一點。不知不覺，你就到終點了（然後也覺得自己快要升天了……）

按：目前新光和一〇一登高賽的國內女子紀錄保持人，仍然是李筱瑜。

探索自己的極限

神山越野挑戰賽

二〇〇三和〇四年我還參加過一項越野挑戰賽，三男一女組成一隊，每一天有至少一個項目要完成到達終點；然後分成好幾站，每天不同的玩法，每天有關門的時間，最後全組人必須要一起完成進終線才算數。所以，團隊的默契和成員們的體力技巧都要在差不多的水平才比較好玩。

通常第一站是爬山，像第一年在馬來西亞的國家公園比賽，我們要爬上兩千～四千公尺的神山（Kota Kinabalu），有的地方還是峭壁，爬到腿軟、心也虛了之後，從雲端中繩降。第一年參加，真的很挫，不過第二年就熟練多了。接下來是騎登山車，有的坡度也是陡到幾乎垂直；接著是划獨木舟，到另一個島上。當然也有跑山等等，總共七個項目。

這項比賽所選的場地，都是在比較原始的地方，風景都很漂亮。例如第二年，是在中國廣西南寧市舉行，我們從天坑繩降進入完全的黑暗，非常特殊的經驗。跑步時偶爾會有穿著傳統服飾的居民和我們微笑，好可愛好淳樸！

越野挑戰賽有點危險，受傷也是很稀鬆平常的事。有一次，我騎登山車時摔倒，痛到在地上滾，我以為手斷了。結果檢查後發現手沒斷，好開心，於是站起來繼續再騎。還有一次划獨木舟時，海面下都是珊瑚礁，一刮到，滿腳都是血。

老外參加這種比賽，通常是組員一起訓練很久，所以不論是定位、各種運動的技巧和體位，都比我們好很多。我們台灣隊因為不是專門練這項的，所以雖然也都是跑步、登山好手，但往往因為組成時間比較匆促，只是簡單練一下就出去比賽，我覺得能夠安全完賽，就已經很強了。

越野挑戰賽真的很刺激，如果你喜歡生存遊戲、體能競技，一定要找機會去挑戰看看！

參加過不同的賽事，除了增廣見聞，也讓我更了解自己的身體在不同競賽的應用程度，更認識自己的極限。就和訓練一樣，我也會使用不同的訓練方式來刺激自己的體能，看看適不適合自己，不會一開始就抗拒。

當然啦，也許真正的原因，根本就是我貪玩而已。

我的六塊肌

蝦密，參加亞洲盃健美比賽？

通常來參加國際賽的選手，身材都練得很養眼，女子職業選手也是個個身材緊實、比例匀稱。我喜歡自己的身材結實，很fit，但不喜歡肌肉太大塊，一是比例不好看，二是這種肌肉在進行耐力型比賽時會造成負擔。

而講到肌肉，我這小短腿倒是有段鮮為人知的過去，嘿嘿。

記得畢業後在健身房工作，有一天，健美協會的人來健身房找找看有沒有適合的選手，「Jenny（我的英文名），你要不要參加亞洲盃的健美比賽？」當時我車禍的後遺症慢慢減退，開始勤奮地運動，鍛鍊出一點點的肌肉。

「怎麼比？」

「啊就把線條練出來，肌肉要大塊，明顯一點，上台比一些動作就好了……」

「喔……好啊……玩玩看。」

「太好了，謝謝你願意代表國家參賽。比賽日期是一個半月後。」

「蛤？這麼快？」只好來練練看囉。

我每天自己找工作的空檔練習，嚴格控制飲食和有氧訓練的量，以便增強肌肉的形狀。因為我本來就有點基礎，效果很快就出現了。臨行前，總教練又教了我們一些動作調整，展示肌肉的方式等等，然後就出國比賽去了。

一到現場，「媽啊……這些人是哪來的？」

我簡直嚇壞了，我原本覺得自己已經練得太壯，有點失去美感了，沒想到現場其他國家的女子選手練得比我更壯，肌肉更大塊，而且有的女生選手聲音低沉。相比之下，我真是小巧玲瓏又秀氣。

上了台之後，我覺得有點不好意思，因為被台下的評審和觀眾們看來看去，但還是有盡力地擠出這些日子來鍛鍊的成績。

最後得第幾名我已經忘了，好像是第六，反正不怎麼好，但也沒很差就是了。我當下就決定，再也不要參加這種比賽了，我不想變成聲音低沉的漢子，也不想在訓練時吃一堆輔助食品如燃脂劑（裡面有麻黃素會產生亢奮）、肌酸、高蛋白等，這些東西有時會有一些副作用，情緒也比較不穩定。而且練健美的選手，晚上睡覺時常會因為肌肉纖維的撕裂發炎發燙，而痛到睡不著。再加上，練出肌肉並維持住肌肉的線條並不容易，例如有很多有氧運動就不能做，但我當時還在教有氧課程，實在很折磨。

我總覺得，運動是要讓自己開心的。因為運動，所以才能夠好好享受美食，讓自己覺得很健康、很好看。健美，卻是要由別人來評分你是否漂亮，就像選美一樣，要因著別人的審美觀而活著，我覺得這樣的生活太辛苦了。

而且，肌肉並不容易練出來，如何練、如何控制運動量、如何配合飲食、如何維持肌肉，都需要嚴謹的訓練和紀律。現在很多女生都擔心做一點重訓就會有肌肉什麼的，會讓身材變難看，告訴你們：想太多了！肌肉沒那麼容易就出現的啦！

當天一比完賽，我就把身上的油擦乾淨，換上T恤，頭也不回地衝出去跑了十公里，好像拔掉了緊箍咒，覺得好開心！

那是我第一次代表國家出賽，居然就是國際健美比賽，沒想到吧？其實對我來說，任何運動或訓練我都很樂意嘗試，不會排斥，因為總是要試過才知道適不適合。不過，我真的很佩服一直從事健美運動的選手，他們為了打造完美的肌肉線條，不知道花了多少時間嚴謹的鍛鍊，並且忍受訓練上的辛苦，真的很不簡單。

低潮，是迎向高潮的起點

經歷了遙遙落後、受傷，面臨極限挫折，我深深相信一個人只要夠認真夠努力，全宇宙也會動用奇妙的方式和資源，一起來幫忙。

起點的最後一名

落後，是你超越極限的最好機會

一八〇公里的自行車項目終於結束，群眾在旁熱烈地歡呼，幫每個選手加油。我趕緊跑入T2轉運區，掛好自行車，迅速換穿跑步鞋，準備開始我最喜歡的馬拉松項目。很多選手最怕這個項目，因為比到這裡，雙腿幾乎已經開始僵硬，跑著跑著身體也會開始不聽使喚。但我通常會在跑步項目超越許多選手……。不過這次的競爭對象都是世界排名前三十五名的怪物，一場硬仗！

這四十二公里，看似漫長，但每一公里的步伐卻不能有絲毫鬆懈。除了要審慎控制自己的體力和配速，甚至需要從超過六小時競賽的疲憊身體中，鼓動更強大的力量，並且要對自己更多的信心喊話，才能敗部復活、迎頭趕上！

原因無他，我通常在游泳時，落後了。

鐵人三項當中，我最弱的項目就是游泳，眾所皆知。因為十七歲車禍的影響，左邊的肌肉神經無法很平衡協調。車禍過後我在家休息半年多，高中也勉強畢業了（我想應該是老師可憐我，才讓我畢業），姊姊怕我沒學校念，叫我去考北體看看，竟然誤打誤撞考進了北體三專部的水上運動學系。

那時，我才剛從車禍癱瘓慢慢轉好，非常非常胖，有六十五公斤，左右兩邊肌肉神經協調性很差，而且左腳的踝關節僵硬完全不能動，所以考上北體之後，上課時的游泳訓練只有左腳板可以打水，向前划水的角度也無法控制，只能靠右腳和右手的力氣撐住。就像一隻受傷的海豚，傾斜一邊慢慢地游著。這麼多年來，雖然改善很多，但是左邊的力氣，就是一直出不來，比賽游泳有時都會游歪一邊。

大部分國際頂尖的三鐵職業選手，都是國家游泳隊出身，游泳水準都很高，但是對我來說，游泳卻正好是我的弱項，要花很多時間訓練才行。有一陣子，我很不願意花時間練，覺得再怎麼練都很難進步，訓練上也耗費很多體力。

轉職業選手之後，二〇一三年到沖繩做移地訓練，常常一次游泳訓練就是三千公尺起跳，六千到八千公尺更是常有的事。因為平常完全不練，一下水就來個這種距離，真的是頂不住，常常累到爆掛在水裡。別人練習時，身體都是自在地浮在水中，而我，卻是常常越游越沉……看見其他日本選手都吃得下這種訓練量以及那麼優雅的技巧，我真的會懷疑自己的能力。

「你的游泳技巧沒有你想像中的糟喔！」那年春天，千葉智雄（Tomoo）教練在訓練快要結束時這樣對我說。

「你越覺得它糟，它就會越糟。」Tomoo 教練提醒我。

其實，和一般的選手比起來，我的游泳項目也不算太差。但是和國際頂尖職業選手比，還是有點距離。以一千五百公尺來說，頂尖選手大約花十九～二十分鐘，而我大概是落在二十二～二十三分鐘。差了那二～三分鐘，在我看來就覺得「很差」，但教練提醒我，那幾分鐘是可以藉訓練追回來的，不需對自己要求太嚴格。

可是因為肌肉神經的弱點，讓我常常在一開始就處於落敗的狀態。最慘的一次，是發生在二〇一三年八月三十一日北海道超鐵職業賽。那是我生涯的第一場 IRONMAN 職業賽，也是當年世界排名積分賽的開始。但是，卻也是一連串驚嚇的開始。

因為那年在沖繩和泰國，我都狂練游泳，我本來信心滿滿的往前挺進，可是說也奇怪，游泳快結束時，有個救生員划著充氣艇，朝著我的方向過來。靠近我之後，他一直用日文跟我說話。

「What are you talking about? I don't understand...」（你說啥？我聽某……）我一邊游，一邊吃力地用英文問，但他還是一直用日文跟我嘰哩咕嚕地說著，而且充氣艇都快要撞到我了。我覺得有點不對勁，乾脆加速往前。

好不容易，一陣往前奮力划水，終於衝出水面。我好開心完成了這個游泳的階段，趕緊站起來，一摘掉蛙鏡……

一看四周，咦，怎麼怪怪的。

「你怎麼在這兒？」有個新加坡朋友站在岸邊訝異地說。

「轉換區在哪？」我問。

只見他的手指，緩緩指向遠方說：「在……那邊耶，筱瑜，你游錯邊了……」

這場在日本北海道的職業賽，游泳項目是在洞爺湖舉行。因為天光非常刺眼，我很多時候看不清前面，沒想到我竟然在折返時游錯方向，不但多游了幾百公尺，還在不同的地方上岸。

那一瞬間，我簡直如遭雷擊，腦海中一片空白。

「慘了，怎麼會游錯方向？」

職業組差一分鐘，距離就不知拉多遠，其他選手現在已經衝出去不知幾公里了。

「Shit!」

這場的主持人，正是我二〇一〇年第一次以分齡組選手參加 IRONMAN China 時的同一位主持人，那年他頭一次喊到冠軍是從台灣來的 Shiao-Yu Li，所以對我印象深刻。見我跑進轉換區，他原本興奮地喊：「Shiao-Yu Li...」但一看情況似乎怪怪的，不知下一句該接什麼。

當時我已經落後別人十五分鐘，職業組的選手們連人帶車全都走光光，主持人驚訝地問我：「Shiao-Yu Li, why you are still here?」（李筱瑜，你怎麼還在這裡？）以職業組的水平而言，除非對手紛紛出現意外，否則我是不可能追上他們的了。

這位曾經在各國主持過許多 IRONMAN 賽事的主持人可能心想，我應該會棄賽了吧。

我的心思越來越混亂，全身也越來越僵硬。「要繼續不繼續……？」我當時一邊脫防寒衣，雙腳快步跑向轉換區，一邊評估要不要放棄。路上都是鵝卵石，跑起來扎在腳底很痛很痛，後來換鞋的時候才發現，腳底都撞擊到瘀青了。

「只要比賽還沒結束，我就不算輸。」我轉念，告訴自己。還有一八〇公里，也許有機會。

運動令人著迷的地方是，沒有到最後一秒，誰都不知道結果會如何。幾乎每一次的三鐵賽，我都得設法從敗部復活，急起直追。我常常在比賽的時候鼓勵自己，只要不放棄自己，一定都有機會，只要夠堅持，潛力會被激發，就有突破的可能。

現在，我是最後一名，我是最不被看好的選手，但是，我不輕看自己，因為比賽還沒結束。我告訴自己要保持信心，打起精神，繼續比下去。

心念及此，我立刻拔腿狂奔，進到轉換區，迅速地脫下防寒衣。「別想了！快跑，繼續好好比賽！」

這場比賽前，Tomoo 教練有先帶我們看過騎車的路線和地形，做好了詳盡的功課，所以我知道每個上下坡有多長。一到上坡，我都盡量保持均速踩踏的迴轉，下坡瘋狂加速。其實這樣有點危險，因為當時正在下雨，很容易就摔車，可是為了能追回一點時間，我只能放手一搏（也就是說，假如你是比賽新手，可千萬不要這麼做喔）。

還是落後很多，但我告訴自己，不要放棄，保持體力和鬥志，不到終點，誰都不知道輸贏！

終於，我在一二〇公里處追過第三，「有機會上台領獎了！」我告訴自己。

一五〇公里追到第二，追到第二時，我其實自己也有點詫異，我猜應該是對方爆了。既然如此，那就有機會再追第一名了！但我還是告訴自己冷靜，不能躁進，保持著自己的配速，因為當時風雨交加，還有四十二公里要跑，我不能爆衝，自毀前程。

接下來馬拉松，我離第一名的日本選手，最遠有八分鐘的差距。我往前追，但後面那位原本被我追上的澳洲選手，也是超強的跑者，所以在前後選手都很快速的節奏下，我的小短腿顯得……嗯，相當忙。

「狂追吧！小短腿，你可以的。」這時候，我總是這樣在心中吼著。

我終於看見第一名的背影了，雖然我已經追得上氣不接下氣，但在超過她時，還是裝出一派輕鬆的樣子，故意讓對手感覺我沒有很累——有時候，比賽還是要用點心理戰術滴！

表情輕鬆畢竟是裝出來的，超過她之後，我的小短腿依然不能閒下來，因為原本後面一直緊咬著我的澳洲選手，這時也追上來啦！要是慢下來，就功虧一簣了。

我腦海裡只有一個念頭：好不容易從最後一名拚成第一名，老娘我拚了命，也要第一個衝進終點線！

LI
ZIV

「Shiao-Yu Li from Taiwan...our new female pro champion!」

終於，我聽到了熟悉的名字，也頭一次聽到了「female pro champion」（女子職業賽冠軍）這個有點陌生卻又挺不賴的英文！

運動場上聽到這樣的廣播，再累，也會覺得好感動，有點想哭，但現場還有很多觀眾，總是要忍住……衝向終點前，有個朋友在跑道旁遞了一面國旗給我，我邊跑邊打開，跨入了終點。突然，大會現場樂隊奏起好久都沒聽到的國歌，我愣了一下，才恍然大悟：

「這是真的，我拿下這場職業賽的冠軍了！」

這次的跑步，是我當時二二六公里三鐵賽中最快的一次，也是全場女子選手排名第一。

對我來說，這是一場很珍貴的經歷。因為，我當時轉職業組還不滿一年，就拿到一個冠軍。離開分齡組的舒適區和冠軍光環，我把自己投入更嚴格的訓練，和世界的職業好手競賽，拿到 Keep Walking 夢想基金和 ZIV 專業運動太陽眼鏡和運動達人等贊助商的經費，總算繳出了一張漂亮的成績單！

一直拚下去吧，我這樣告訴自己。

別小看落後的自己

啟動你不放棄的意志

其實在二〇一三年北海道職業賽之前，有幾場重要的比賽，我也是從落後的困境，最後反敗為勝。

例如二〇一〇年在海南島舉行的 IRONMAN China，贏了那場，就可以晉級超鐵世界總決賽。

我當初想晉級，很多玩三鐵的前輩都說不可能。

「為什麼不可能？」我問。他們說很難，台灣沒有人拿過冠軍，也沒有人曾經取得去總決賽的門票。我心想，不試，怎麼知道不可能？所以，我還是用三個月時間準備，然後前往海南島參加我生平第一次二二六公里超鐵賽。

那一次，游泳上岸，我就發現自己已經遠遠落後了。轉換區只剩我的車子，孤伶伶地放在車架上，我雖然很努力跨上自行車開始往前騎，但還是看不見前面的澳洲選手。

這位女選手身材也很結實，報到時我就瞄到她，練到腿都爆筋了，心想她腿力一定像袋鼠那樣強大。其實在參加這次比賽之前，我從來沒有一次騎滿一八〇公里，加上那時的車子也比較陽春，長途騎乘下來，屁股的痠痛和大腿內側的摩擦，讓我著實領教到一八〇公里騎車的痛不欲生。

話雖如此，我還是在自行車項目急起直追，而且追到了第二。跳下車來，因為胯下過於痠痛，只能兩腳開開、一跛一跛地跑進轉換區。等在旁邊的好友Josephine和Sue一副已經等到天荒地老的樣子，看到我出現，趕緊舉牌熱情地尖叫加油。

「差多少？」我一邊跛著腳跑一邊問。

「往前跑就對了！」她們故作輕鬆地大叫。聽到這話，我就知道差得可遠了。但是一心一意，我就是想要晉級世界總決賽。門票只有一張，所以，我一定要在這場拿到冠軍。

說得容易。其實馬拉松項目開始，我才剛跑出去，領先的第一位選手已經回來準備折返，包括自行車的距離，我們差了有三十分鐘。但我還是告訴自己，按著自己的節奏，慢慢推進。過去幾年，我參加國內馬拉松，都有不錯的成績，也跑進了國內十傑，所以我對自己的路跑有一定的信心；加上海南島的天氣很熱，衝太快的選手應該很容易會爆掉，所以我一邊跑一邊想，我還有機會。

我在二〇一四年 TED Taipei 的演講時，提到這場比賽，我說多虧了對方比較高，比較早一點曬到太陽，而我比較矮，陽光到我身上就少了一點威力。雖然這是有點玩笑式的說法，但是我的確深信我們南台灣的孩子在炎熱氣候下的耐熱功夫，所以只要自己能在炎熱的晴空下 hold 住，也許有扳回一城的機會。

烈日當空，每個選手都曬得像熟透的龍蝦一樣，拖著腳步喘著氣。經過補給站，工作人員把大坨大坨的防曬乳液往我們身上又丟又塗。我喝了點水，繼續上路。

為了只有得到這次冠軍才能拿到的一張晉級門票，再怎麼累，我都不可以放棄！

果真，對方的速度越來越慢，而我依然維持穩定的配速向前，從落後三十分鐘開始追。在沒有任何遮蔽物下的公路，全身好像籠罩在一個大烤箱之中一步一步往前逼近。

「Yes, yes, yes...」我心裡吶喊著。

因為在熱氣上騰之中，我看到她高大結實的背影，有點搖晃有些吃力，我判斷她應該沒有體力了。雖然我也累到快虛脫，乾渴的雙唇還是不禁歡呼！

「Good job!」我故作輕鬆跑過她的身旁，輕拍了一下她的背，給她一點鼓勵。能夠在如此炎熱的氣溫下繼續向前，維持這種表現，是相當不容易的。

我其實很謝謝她跑在前方給我追，讓我維持旺盛的鬥志，不被高溫和疲勞摧毀。運動場上，尤其是獨立完成的鐵人三項比賽，你的競爭對手其實是陪你經歷這一切酸甜苦辣最好的同伴。

淚水頓時湧出眼眶。

當我跑過了她的身旁，拉開了距離之後。我像小孩子一樣地哭著喘著，臉上都是眼淚、汗水、防曬乳液，我大口呼吸，腳步跨向最後的十二公里！

「夏威夷~我來了！」

我抹去臉上的淚，心中興奮地朝遠方吶喊。

能夠晉級世界總決賽，除了覺得好爽好爽好爽；更覺得自己因為相信自己的能量，一路不放棄地追趕，遠遠超乎原本對自己的設限和想像。

距離終點越來越近，我聽到主持人透過麥克風熱情的呼喊，

「Shiao-Yu Li... from Taiwan!」

有一團熱熱的什麼從心窩衝上鼻腔。

那個炎熱的下午，在海南島，我成為台灣第一人也是華人第一個，在IRONMAN世界巡迴賽得到分齡組冠軍，並且拿到了三鐵賽事的最高殿堂——IRONMAN World Championship超鐵世界總決賽的門票！

若不是那一次曾經在海南島落後那麼多，我也沒機會知道，原來我有能力在日頭炎炎之下繼續挺住，完成每個人都說不可能的晉級；若不是後來北海道的游泳落後那麼多，恐怕也無法激發我的潛能，突破以往在二二六超鐵路跑項目的紀錄。

所以，不要小看最後一名，也絕對不要小看落後中的自己。只要你當下啟動絕不放棄的意志，你的身體會隨著你一起奮鬥、一同冒險，完成不可能的任務。

車禍所造成的癱瘓，讓我的人生一度拿到一副爛牌，但經歷了這些，也讓我明白：此刻的落後，絕不代表未來會一直落後。在每一個看似絕望的階段裡，其實都埋下了徹底逆轉情勢的潛在能力。這，是我在比賽中學習到的信念。

你不堅強，沒人替你勇敢

低潮？那就換換環境吧

世界越快，心則慢。
心越靜，世界則寬廣。
你不堅強，沒人替你勇敢。

這是我二〇一四年再度出發往北海道比賽前，寫在臉書上的一段話。

二〇一三年日本北海道超鐵賽——我的第一場職業賽冠軍，是我人生的高潮。後來比完 IRONMAN Lake Tahoe 之後，也獲得一些寶貴的經驗。我繼續練習，但老天爺繼續考驗我。因為，在一次自行車訓練時，我再度陷落人生的另一個低潮。

那場車禍來得莫名其妙，我明明就是騎著自行車，綠燈直行，結果對方騎著摩托車直接左轉，也沒有減速，就這樣我眼睜睜地看著他撞上來，完全來不及閃避，也無法應變，直挺挺地飛出去，下巴著地，流了好多血。

我本能地立刻翻身站起來，跟對方對罵，罵完才去醫院縫合，通知導演和姊姊來，一起去報案。那一晚，還感受不到疼痛；隔天，被撞擊的頸椎就僵硬掉，頭也轉不動了。

後來，我去上課時下巴包紮了一大坨，同學還笑說我是去整形，整成和林青霞一樣的下巴。我表面上跟著開玩笑，其實心裡暗暗擔心我的頸椎。

受傷一週後我就開始練習，那時候很心急，想要趕快恢復訓練。所以為了練自行車，我去騎了一趟花東。騎花東的好處是，可以一直往前騎，不用轉頭，於是我就這樣安慰自己，繼續踩。至於游泳的部分，因為我還是無法轉頭換氣，就用了一種訓練游泳的呼吸器，低著頭猛游。可是這一來，下巴傷口的人工皮也跟著在水裡啪啪啪地翻，越游心情也越「阿雜」。最後要練跑步，但也因為頸椎受傷，一跑起來就痛，根本無法好好練習。可想而知，這種訓練根本沒有成果，反而讓我的體能下滑很快。

雖然我才拿了冠軍，但是體育界是很現實的，一旦選手受傷，很多廠商就會擔心你短期間不可能再恢復到冠軍的水準，所以那段期間尋找贊助商，也很不順利。

這段期間，有幾個很好的朋友會常常陪伴我出去吃吃喝喝，做點恢復的訓練，導演也安排幾次大型的演講如 TED WOMEN，讓我分散一點注意力，用正面的思考鼓勵我。但是當時的我，沮喪到不行。

其實我知道，心急也沒用，只能一直告訴自己，不要往負面去想，要多多做正面的事情，所以每天都設法做一點復健保養和訓練。當時有其他鐵人朋友在紐西蘭做訓練，他們說那裡有最強的奧運選手一起集訓，所以二〇一四年三月，我決定把剩下的 Keep Walking 獎金，拿去紐西蘭進行移地訓練。也許離開一下台灣，換一個環境，比較可以重新出發。

沒想到，紐西蘭的訓練模式跟日本完全不同。一來，訓練的集合地點都得自己去；二來，會有一堆高手一起訓練。

對我來說，這意味著兩大障礙。第一，我是個大、路、痴，看GPS也有看沒有懂，所以集合這件事對我而言，反倒比訓練本身還要緊張。我那時還傳簡訊給導演求救，但人在台灣的導演當然是遠水救不了近火。結果，第一次集合，我就花了一個多鐘頭才騎到。

教練很嚴肅地說：「你怎麼遲到了？」

我心裡的ＯＳ是：「我不是遲到，我是到不了……」（苦）

第二個障礙是，來這裡的奧運選手，都是專攻五一．五短距離的，所以速度都很快；而我是專攻長距離的，訓練模式不太一樣。再加上我才剛遭遇車禍，體能都沒恢復，更何況是速度，那時的我，跑二十一公里要花將近三個小時。

所以才到了紐西蘭一個禮拜，我就覺得很灰心，最後決定又回到自主訓練。

這，就叫臥虎藏龍！

運動場上，千萬別以貌取人

當時心情真的是降到谷底，很懷疑自己有沒有能力再回來。

還好，我的紐西蘭房東也是很愛練鐵人的一對夫妻，週末會固定去參加訓練或比賽。我請他們告訴我，附近哪些路徑可以練習，週末時還會跟他們一起訓練。這位房東老公是德國人，也不是等閒之輩，曾經拿過歐洲賽業餘組的前幾名，實力相當好。第一次跟他們一起練習時，他們說，週末時騎一～二小時，然後跑步。我想，OK啦，你們可以，我應該沒問題。

沒想到，所謂的跑步，是一路上坡，然後就跑在山的稜線，就是那種羊咩咩會走的路線，路上不小心都會踩到羊大便，真的就是《魔戒》裡的風景。他們習以為常，好像在自家花園快速奔跑，而我卻一邊跟著跑，一邊叫苦連天。

苦雖苦，我終於發現為什麼世界一流的選手都跑來這裡訓練。紐西蘭的地理環境，真是個訓練的天堂啊，只要一走出去，就是這種地形。平常就在這種地形跑步騎車，還有什麼賽道能難倒他們？

過去練自行車，我都是自己一個人騎，但是在這裡人生地不熟，加上我又常迷路，所以有一天，我想騎一五〇公里長距離的訓練，就請房東幫我約幾個人一起去，他也爽快地答應了。

那天早上，怕迷路的我提前一個小時出發到集合點。接著，我看到一個將近四十歲的先生出現，然後是一個五十幾歲、肚子很大的阿伯出現，接下來竟然還出現一個老太太。我心想，不會是故意整我吧，找了一群休閒組的不老騎士來耍我？

不管了，看來今天應該就是輕鬆騎了。嘆了一口氣，我跟在他們幾位的後面騎出去。紐西蘭的柏油路有點顛簸，那天還下著小雨，氣溫大約十二度，又有風，我本來打算也許騎一下就打道回府了。沒想到，這幾位「老人家」都還繼續騎，而且時速都是三十九公里！我心想，哇，我就算自己出去輪車，有時候還 hold 不住三十九公里的時速呢！這些老傢伙真是太猛了。

後來聊天，才知道其中幾個都是退役的職業自行車手，但都還有在比賽。尤其那位老阿嬤，竟然是紐西蘭的傳奇人物，曾經晉級過世界總決賽，去過 Kona 好幾次。而且老阿嬤的個性也沒有因為年紀大而比較慈祥，在市區騎車時，我還聽到她罵胡亂闖道的行人，簡直傻眼。只見她老人家氣勢如虹，上坡還頻頻抽車，我都跟不上。這經驗告訴我，千萬別以貌取人，更不可以看輕別人。世界上的每個角落，高手如雲，深藏不露的比比皆是啊！

謝謝教練，但我還想再繼續比賽

你的未來，還是得靠自己決定

從紐西蘭回到台灣後，我去比了一場馬來西亞一一三公里三鐵賽（IRONMAN Malaysia 70.3）。

那次比自行車，踏板滑出來兩次，也摔了車，腳踝都摔到見骨了，第一次看到原來骨頭真的是白色的。最後只好先停在路邊。本來，賽事人員以為我在路邊，是準備要棄賽，但我告訴對方，只是要借工具把踏板鎖回去。其實我那時候心裡很火，怎麼好像很倒楣，把心一橫，就算修不好，我用單腳踩也要踩回去，絕對不能棄賽！

我終究還是騎回去了，並且在跑步時追上了幾個選手，但實在時間差太多，只拿到第六。那是我參加 IRONMAN 比賽以來，最爛的成績了。

比完之後，由於已經報了六月初的日本一一三公里比賽（IRONMAN Japan

70.3），於是想去沖繩訓練，找回以前的感覺，順便也問問教練的想法。所以，我五月中旬又去了一趟沖繩，做一次短暫的十二天移地訓練。

「Jenny，晚上一起吃個飯，我們想跟你開個會。」

在沖繩有一天練習完，教練說要請我吃飯並開會。我當下心頭一震，知道可能不妙了。通常，日本教練是不會那麼正式說要請我吃飯開會的。

果然，不出我所料。

「Jenny…」教練夫婦坐在對面，用日文說著。感覺語氣相當謹慎，我的訓練同伴敬子選手充當翻譯，一字一字地翻成英文。

教練說，我的體能比去年落差很大，建議我應該把今年的賽事通通取消，好好休養身體。我一聽，眼淚就掉下來了。

「When will you plan to retire?」（你打算何時退休？）這句話講得很輕，卻像鞭子一樣抽到我的心臟。淚突然從眼眶飆了出來……

我記得去年訓練快結束時，教練與姊姊、導演和我四人，一起開了一個會，他說我還有至少十年的職業選手生涯，有許多地方都可以再進步。我自己聽到也很振奮，大家也都對我很有信心。也因為這樣，當我拿到了日本北海道職業冠軍時，更加覺得我可以站上世界頂尖的舞台。

怎麼如今才隔一年，教練就問我打算何時退休呢？只不過是發生了一場車禍而已，落差真有那麼大？我的確面臨身心交戰，不斷問自己還能再找回以往的實力嗎？但常常我的心裡仍然是懷抱著希望的。可是教練的一席話，聽在我耳中，就好像判定死刑一樣。當時的我，真是好無助，對自己莫名其妙車禍受傷的遭遇感到好難受。教練安慰我，他可以把他的訓練體系教我，讓我可以在退休時，有轉型的基礎等等。他請我回去和姊姊、導演商量一下未來的規畫，我默默地聽著，點頭。

淚流了滿面。

我當然明白，教練是關心我，擔心我給自己太大的壓力，所以要我放輕鬆，不要太著急重返賽場，以免受到更大的傷。而且他也知道，受傷的選手未來在尋求金錢資助時會更困難，才慷慨地說要把他的教學經驗傳承給我，讓我可以重新再站起來。所以，我雖然難受，但也很感激他對我的用心。

那天夜裡回到宿舍，傳簡訊給導演，跟她說教練問我何時退休，邊寫還邊默默擦眼淚。日本職業組冠軍拿不到一年，怎麼樣也沒料到自己的夢想正要起步，卻已破碎。

「沒關係，那就回來先休息保養，之後我們再想辦法，一定可以復原的。」導演回傳了這些話。

安靜地整理好行李，告別了教練夫婦，以及他們關心的眼神。面對不知道是否還能回來訓練的未來，我像是飽受折磨落敗的流浪狗回到了台灣。

二〇一四年五月下旬，李筱瑜三個字在那一刻，彷彿沒有任何意義。

緊接著就是六月初在日本名古屋 IRONMAN 一一三公里的比賽，導演之前連機票旅館都訂好了，臨時取消又會浪費一筆錢。因此我們商量後，想說還是去比比看，反正都要退休了，不如珍惜可以比賽的機會。所以我轉換一下心情，想說去走走玩玩也好。

當然，那只是騙自己的說法，職業選手的腦子裡，是沒有「去走走玩玩」這幾個字的啊！

一開賽，我還是火力全開衝了出去，反正就是拚了全力，最後竟然拿到亞軍。這成績，也給了我一支強心針。沒錯，這個賽事我以前比過，所以比較熟悉，占了點便宜，但我和小小團隊覺得，也許是時候到了，體力應該要慢慢回來了。

既然想跑，就認真地跑！

沒人看好你？意味著你「靠自己」的時候到了

只是比了這場，經費也花完了，接下來的時間，只能待在台灣一邊繼續工作賺錢，一邊進行自主訓練。

之前沒有轉職業選手前，我有時會和幾個朋友一起去騎車，號稱去「吹吹風」。轉職業選手之後，我都在國外練習，但他們依然每週六都會出去騎車。所以回到台灣，我就跟這群狂熱的鐵人朋友，每週六相約在淡水北海岸騎車吹吹風。我們都很重視這次的團練，當別人還在溫暖的被窩裡，我們三點多就起床，四點多出門趕到集合點，五點準時出發。與其說是練習，倒不如說是一群大孩子在灑滿陽光的大道上互相奔馳競速。騎完車，還會練跑步。時間就這樣很快地來到八月。

八月底一年一度的 IRONMAN Japan 北海道賽事即將來臨，原本我擔心自己的狀況不佳，不敢去參賽，再加上同一時間，在印尼民丹島也有一場超鐵賽，獎金還不錯，因此，我原本打算不如去民丹島那一場，賺一點獎金補貼後半年的經費也好（受傷那年，我獲得的贊助真的很少）。

導演寫信給日本教練夫婦，問問他們的意見。教練太太Chiharu很快就回信給導演，請導演勸我，若要出賽，就一定要去比北海道那場。因為，既然我的終極目標仍是世界總決賽，那就要朝著同一個方向努力。

一開始聽到這個消息時，我對自己還是沒有什麼把握，直到有一天和北風團出去騎，我看到他們為了幫我拉速度，毫不保留體力、火力全開的努力身影，斗大的汗水從他們頭盔的隙縫隨著風飄向後方，我突然覺得有點想哭。這些人花這麼多時間幫我，我不願也不想辜負他們這樣拚全力一起練習的珍貴付出。

「我應該可以出賽了。」回程的時候等著紅綠燈，我轉頭跟他們說。

看到他們那麼努力，我覺得我也要更努力！原本心裡對於再度比賽仍沒有信心的我，心中湧起一股不一樣的力量，讓我有勇氣回到賽場。

終於，來到了八月底，IRONMAN日本職業賽又到了。導演早幫我安排好了機票、旅館（其實早在我還沒決定要去日本之前，她就已經幫我安排好行程了。我想，小小團隊一直都對我很有信心吧）。由於沒什麼經費了，我只能於賽前一天出發到北海道。一個人的旅程真的比較辛苦，我到了機場，還要坐火車到洞爺湖，到了洞爺湖還要搭車子才到得了旅館。

我在機場巧遇一位外國選手——其實鐵人很好認，看看車子、隨身裝備大概就能看出來，有的選手還會在身體刺上IRONMAN的logo。我問他火車何時來，他說他已經等了一個小時，正說著，火車就來了。他剛好和我住同一家旅館，所以路癡如我，有人一起帶我走真是太幸運了。我一直覺得他是上天可憐我碰到車禍而派來的小天使來著，讓我在賽前一天順利抵達旅館。

到了旅館，整理一下就即刻報到，剛好大會正在辦記者會。通常大會都會邀請前一屆冠軍出席，但是因為大家都知道我受傷了，可能認為這次我只是來玩的，我也因為抵達時間太遲，就只有在下面吃點心。看著大會介紹這次最有冠軍相的幾位選手，心中真是百感交集。在記者會碰到日本教練，我們討論這次職業選手的實力，教練說有個實力最堅強的老外選手應該會拿冠軍，然後說Keiko可以拿到第二，接著又對我說：「Enjoy ne!」教練很幽默，我也輕鬆了起來。

「Leave me alone!（別煩我！）」後來去自行車檢錄（bikecheck-in）時，有日本記者發現我是前一屆冠軍，就一直跟著我拍攝。我頭低低的，一整個覺得好煩躁，乾脆叫他滾遠一點。畢竟，心情是很複雜起伏的。

但我心裡一點也沒有怪他們。畢竟，連我自己都不看好自己。我只是默默希望，能設法跑出還可以的成績，不要愧對那些在台灣對我仍懷抱極大信心的朋友、廠商們。

早上一下水，很幸運的是，我沒游錯方向，所以沒有落後太多。但接下來的一八〇公里騎車路線真的不簡單，上上下下的山路，測試著選手們的體力技巧跟意志力，外加強風，都是很大的考驗，說真的，是挺痛苦的。但是我告訴自己，游泳沒有落後太多，騎車一定有機會可以追。而我真的是一路狂追，一點都不敢鬆懈！但最後也是拚到最後的一七〇公里，才追到第二位。

然後是路跑。跑步時，其實有一度我的腰和腹部很痛，只好把手伸進肌肉裡用力捏起來往前跑，盡量不要被疼痛所影響，但有時候實在太痛了，只好一陣狂喊嘶吼，加上我的呼吸聲又很大，看起來就像氣喘發作，搞得旁邊的日本選手都嚇到了。

就這樣，我在身體持續不斷的痛苦中怒追原本第一名的澳洲選手。我想她應該也很詫異吧，受過傷的小短腿竟然追上了她。

當我追過她，也拉開一段距離後，眼淚開始流了下來。對，我又哭了。因為我想到北海岸那批訓練夥伴們，要不是過去這一個半月，有他們這麼認真的團練，在北海岸一起吹風淋雨為目標與夢想一起奮戰，就沒有今天領頭往終線奔跑的我。這個榮耀，是屬於北風團的。

我也想到車禍把我推到低潮，想要重返戰場這一年那麼多的心酸和孤獨；我還想到一直幫我加油的朋友們……一幕一幕，似乎都在快速閃過，眼淚隨著回憶一直一直地流。

眼看著快到終點，我趕緊擦乾眼淚，帶著堅強開心的笑容衝線！

「Two times female pro, Shiao-Yu Li from Taiwan!」（兩度蟬聯冠軍，代表台灣的李筱瑜！）依然熱情，但是更多的是驚訝，主持人這樣喊著。

這次我不但跑出了第一名，也刷新女子組紀錄，總成績是九小時五十八分。

戴上桂冠，拍完照，我其實已經沒有太大的激動了，一個人默默地走回飯店，回到房間休息。就在這時，突然有人敲門。

「哪位？」

「我們是在飯店工作的台灣人。」幾個女生在門口說，神情有點興奮。

「我們剛剛聽到樂隊奏國歌，才知道原來冠軍是台灣人，突然覺得身為台灣人好驕傲……我們都哭了，在國外聽到國歌，真的很感動……」她們一邊說，眼眶還含著淚。

「……」不知道該說什麼，但在衝線後已回到歸零心情的我，這時卻也差點要掉淚了。

開賽前，真的沒想到自己可以拿到冠軍，外加刷新大會紀錄，創下今日女子騎車和跑步的最快紀錄。

「你要是有心，並且願意努力，全宇宙都會來幫你！」我想起這半年的低潮日子裡，有一次，導演傳了這樣的簡訊給我。

「屁啦你！」我這樣回答。當時的我真的覺得，最好是這樣啦。這種心理勵志的話，未免也太樂觀。

「反正也不會有壞處，你就試試看吧！」導演回我。

但經歷了這場比賽，我真的感覺到某種「吸引力法則」——一個人只要夠認真夠努力，全宇宙也會動用奇妙的方式和資源，一起來幫你。

只要願意，平凡的人也可以創造歷史

日本職業賽三連霸之戰

二〇一五年七月 IRONMAN UK 結束後，大約將近一個月準備，我接著就要迎戰 IRONMAN Japan。這場比賽除了是冠軍衛冕戰，也是能否有足夠積分進職業組總決賽的關鍵一役。

前面說過，職業組世界總決賽的參賽資格，需要全世界選手由去年的九月一日到今年的八月三十一日所參加的賽事中，挑選三場二二六公里、兩場一一三公里賽事（總共五場）的最佳成績做積分排名，女子選手要前三十五名才有資格進入總決賽。這個難度是很高的，以往都是歐美的頂尖三鐵選手，才有實力拚進世界總決賽。

通常，七月份確定積分已進入世界排名前二十七的名單會先出來，而八月份就只剩下最後八個名額。二〇一五年七月底，我的排名是第四十六名，所以能進總決賽的機會相當相當渺小，但是導演仍然很斬釘截鐵地說，有希望。

儘管拚進總決賽仍有變數，我們的目標，就是好好比日本這一場！

從英國回到台灣，因為時差關係，度過了一週的昏睡和吃吃喝喝，接下來，我便開始保養復健，認真練習。沒多久，日本場選手名單出爐，哇，居然有一堆歐美選手跑來搶積分，而且其中有兩個選手還是已經排名前三十五的高手，我的媽呀。

「吼，跑來湊熱鬧幹嘛？」我雖然嘴巴上這樣講，但通常在導演幫我分析完選手名單之後，我就不會太緊張。因為多年來的經驗告訴我：專心練自己的比較重要。

記得比賽前兩週，有一次導演陪我去一場演講，在車上我有些心情不好地對導演說：「有人跟我說，我去北海道就算拿了冠軍也不會進 Kona，幹嘛浪費體力去？不如把體力和錢省下來，為明年的積分準備……」

導演一聽，臉色一沉，竟然說了一句重話：「Bullshit!」（牛屎？素有文青之稱的導演竟然說出這種話，哈哈）

「不要管別人說什麼。比賽前說這些話一點用都沒有。我們就是好好去比日本這一場，用盡全力去拚。只要有一點點機會，都要去爭取。不到最後關頭，誰知道能不能進 Kona ？就像你每次都拚到最後一樣，就是把每一場都比好就對了！」溫和的導演一反常態嚴肅地說著。

這段期間，我雖然表面裝得很輕鬆，但是心裡知道，這的確是一場強敵環伺的冠軍保衛戰，至於 Kona 總決賽，我覺得該成的就會成吧，先不去想那些了。

終於到了八月十八日出發日，這次很幸福，有小小團隊三人行，更帶著後援會滿滿的祝福加油。相較於前兩年孤零零一人闖天涯，真的落差很大。

這是 IRONMAN Japan 在洞爺湖舉辦的第三年，主辦單位為了怕大家覺得每年都跑相同的路線會無聊，於是在賽道做了一些調整——變得更難了！我們光是在賽前的自行車路線勘查，就花了四個小時找路。Tomoo 教練動用車上的 GPS，搭配兩支手機和 Keiko 選手幫忙查找路線，務必正確地走過一次路線。

到了比賽當天，我在下水點前做了一些伸展，聽見主持人開始介紹比賽，以及前來參加的職業選手，「...and our two times champions, Shiao-Yu Li...」（兩次的冠軍得主李筱瑜……）聽到了這句話，老實說心裡有點壓力。我深吸了一口氣，開始把自己調整到戰鬥狀態。

「叭～」一聲長鳴，下水了！不過等到我游上岸時，其實已經落後第一名田中敬子選手十八分鐘，其他的職業選手也都上岸了。

緊接著自行車賽開始，我又趕快往前追，隨著距離越來越長，一直維持穩定的速度，漸漸追上了原本排名前面的選手，最後衝到了第四名。但因為我在游泳項目落後太多，我若是想拿冠軍，要追回起碼二十分鐘以上才有機會。

當時自行車項目結束後，第一名是美國選手 Bree Wee，第二名是敬子選手，第三名是日本選手酒井繪美。我們這四個人在六月的 Japan 70.3 也纏鬥過，後來我贏得冠軍，所以，我怎能在這場我更為拿手的二二六公里超鐵賽落後呢？

一種發憤圖強的力量，從心中熊熊燃起，不管對手在前面多遠。

「老娘就是要追到你們！」

這次的跑道，一開始是山徑上坡，很多人會在這裡鐵腿，但這正是我喜歡的野外跑道，而且天氣不像去年那麼濕冷，我的肌肉引擎應該會運轉順暢。導演在前十公里處報時，一開始還是差了十四分鐘，十五公里時，我還是第四，而且有十一分鐘的落差。據說當時主辦單位的及時賽事報導這樣寫著：「Does our 2 x defending champ, Shiao-Yu Li have the legs to catch the 3 ladies in front of her? If anyone can, this pocket rocket from Taiwan can.」（我們兩屆冠軍的得主李筱瑜是否能追上領先她的三名女子選手？如果有人辦得到，應該就是這位從台灣來的迷你火箭吧。）

迷你火箭是吧？我的確用了平均四分半的均速噴射著，跑步賽道最後是在一條湖邊的小徑上來回折返兩次，第二十三公里時只剩三分鐘，導演和 Tomoo 教練在二十五公里處報時，只剩七十秒，到了第二十六公里處衝過第一名的美國選手，不過我也不敢慢下來，雖然已經感覺累了，但是冠軍保衛戰還是不能鬆懈。我用四分半的配速往終點狂跑，心裡只想吶喊，Yeah！北海道謝謝你，你真是我的幸運之地！

到了終點，主持人和現場觀眾顯得很瘋狂，因為大家在兩個小時前，可能都還不覺得我會奪冠。現場樂隊再度奏起只有冠軍選手擁有的殊榮——莊嚴的國歌，我一面大口喘氣站著聆聽，一面想著這次日本職業賽連續三年三連勝，來自台灣的小短腿創下了這個紀錄！自己都覺得全身哪來的這樣強大力量，真是不可思議。

去年拿冠軍時，大會指定飯店的一位台灣工作人員，因為我拿了冠軍，很激動地來敲門；今年她更是在終點迎接我時感動得淚奔，我雖然有些喘，但是看見她哭個不停，心中三連霸的感動就在哈哈大笑中收場。許多人跑來和我道賀合影，而這次在台灣看現場連線轉播的朋友又比之前更多了，大家看著我一路追趕，心情起伏不定，最後更是 high 翻天。「回來晚了，讓你們久等了，不好意思ㄋㄟ！」我在現場連線轉播，感謝他們一路關心我的狀況，為我這麼熱情的加油！

同時，我又慢慢的沉靜下來。這好像是我的天性，從不在光榮勝利的情緒中停留太久。

從終線走回旅館，我脫下所有裝備，緩緩走到旅館最高一層樓泡溫泉。熱氣裊裊，我一個人在水裡靜靜地放鬆，遠遠地還傳來大會主持人繼續恭賀完賽選手們的聲音。

我閉上眼，想著這幾年來所走過的路，到現在創下三次冠軍的紀錄。這三年，經歷了高峰、墜落、堅持、再起，每一次的冠軍都是得來不易。

當初沒有人（甚至連我自己）會想到，一個原本受傷癱瘓的小女生，能夠創造這樣的紀錄；如今這個在南台灣平凡長大的李筱瑜，卻因為願意堅持夢想，而寫下了一頁前所未有的歷史。

小短腿大逆襲，衝進夏威夷

首位華人職業選手晉級世界總決賽

比賽後，我早已全部放空，泡著溫泉、吃著美食，好好享受賽後的悠閒時光。是否可以晉級前進夏威夷 Kona，反正是就是，不是就不是，我們早已擬好因應的A計畫和B計畫，所以根本也不用多想。

頒獎典禮時，我特別拿著英文小抄在台上致謝，謝謝當初贊助我的 CEEPO 總裁田中信行先生、Tomoo 教練和 Keiko 選手，謝謝 IRONMAN Japana 大會和志工這麼辛苦辦比賽。領了獎牌，我打算好好和大家去札幌玩玩，但 IRONMAN 總部的澳洲代表突然跑來找我們，他說他們的媒體部想要趕快採訪我，因為我即將成為第一位華人，也是本屆唯一亞洲晉級 Kona 世界總決賽的職業選手。

「Are you sure? Is it confirmed?」（你確定嗎？）導演難掩笑容地問對方，因為官網都還沒宣布這個消息。對方笑說：「應該是喔……」

有一份國外的媒體以非官方的統計在八月二十三日報導，表示我的排名可以晉級總決賽。但是我們還是 hold 住，等著正式宣布。

「李筱瑜，我們要去 Kona 了！」

八月二十四日下午，導演收到一封 IRONMAN 總部的郵件，突然站起來舉起雙手大喊！當時，我們三人正擠在札幌小小的旅館房間。

「小聲點，這裡隔音很差……」姊姊在旁邊說。

看到導演興奮的表情，我笑了。

當初「高齡」才轉職業，很多人都說這條路不好走。二〇一四年受傷時，姊姊和導演跟我說，沒關係，我們拚拚看，給自己兩年的時間規畫，不一定要二〇一五年就晉級到 Top 35。來日本比賽前，積分看似岌岌可危，希望渺茫（當時排名四十六），沒想到一路闖關成功！職業選手第三年，就成為亞洲排名第一，並以史上第一位華人職業選手晉級世界總決賽。這段旅程走到這裡，辛辛苦苦卻彷彿奇蹟。

當天晚上，我們和 Tomoo 教練、Keiko 選手和其他日本朋友一同聚餐慶祝，教練喝著啤酒，說他很開心，能夠幫助我晉級 Kona 總決賽。我則是對他和他帶的 Keiko 選手一直以來給我的支援，感到無比的感謝與尊敬。老實說，我們彼此是競爭對手，但是他們卻常常在比賽的時候給予我很多協助。這種無私的誠摯對待，常常讓我覺得很感恩！若不是因為他們，我無法成就這些成績。

我們和 Keiko 相約，未來要一起進軍 Kona！

晚上回到旅館，導演收到一封信，她說 IRONMAN 總部邀請我們三天之後去北京參加一個活動。一陣匆忙，我和導演趕到了北京。

這是中國萬達文化產業集團和美國 IRONMAN 公司的簽約儀式，今後他們將攜手合作，可以讓更多人，特別是中國的運動愛好者參與鐵人三項賽事。因為我是有史以來首位進入世界排名前三十五名的華人職業選手，所以獲邀一起見證這個重大的合作案。盛大的記者會上，我的紀錄和成績被用中英文介紹著，靜靜聽著，覺得能夠成為華人世界鐵人運動的先驅是一種光榮，也生起一種使命感。

我愛運動，也喜歡鼓勵大家運動。從以前自己喜歡跑啊跑，到成為健身教練，幫助更多人透過運動認識自己，生活得更有朝氣。如今踏上職業選手的道路，一路披荊斬棘走向山頂，雖然大大小小的傷痕很難計算，但卻因為自己拚出這條血路，讓我更有信心和經驗，可以激勵更多人一起來享受運動帶來的活力、希望，以及正向積極的價值觀，並且鼓勵更多人無論是在生活哪個面向，都能鼓起勇氣，堅定自己的目標，不要放棄。

有一次接受採訪，記者知道一些我踏上三鐵之路的歷程，認為我一路創造很多不可能，而且很多時候，挑戰很艱巨，但我還是明知山有虎，偏向虎山行，她說迎戰不退縮，其實需要很多的勇氣。她接著問我，什麼是勇氣？我記得我是這樣說的，所謂的「勇氣」，就是強迫自己去改變，去做些不一樣的事。就像你看見一個老太太過馬路，平常你會當作沒看到，但是這一刻，你告訴自己，應該上前去扶著她一起走——這就是勇氣。我覺得勇氣不是什麼了不起的大事，而是從平日小小的舉動鍛鍊出來的，透過信念的改變，就會產生不一樣的行動，一次又一次，你就會發現自己越來越勇敢！每當更大的挑戰來臨，就可以因著相信自己，大步跨出原點。

遠處似乎還有一座險峻高山，雲彩在天邊蔓延發光。不管未來晴天雨天，邁出去，繼續前行吧。

あ・う・て au損保
IRONMAN
JAPAN
HOKKAIDO
83

Finish Line

在這個旅程上，不論碰到什麼事情，不論碰到什麼障礙，唯一可以化解的，就是順應情勢去調整。停止腦子裡焦躁的聲音，讓自己成為因應局勢的存在，專注在當下往前行……

十月的夏威夷 Kona 還很炎熱。每年的世界總決賽都在這裡舉行；每年，世界上最頂尖的鐵人們都在這裡聚集，接受地形、氣候和其他參賽者的考驗。

我喜歡參加鐵人三項，部分原因是可以看到如此多不同身形、年齡，甚至身障的參賽者，他們背後都有著一個個堅毅動人的故事……好吧，其實大家也都是相當凶狠，一整個來勢洶洶。比賽的過程從游泳的「互毆」開始，到上岸進入轉換區，然後一八〇公里的騎乘、四十二公里的馬拉松，每個人都發揮自己的極限，超越對手，超越自己。

整個賽事的時間很長，我們有時也會和別的選手互動。就像有一年，我以分齡組冠軍的資格第三次晉級 IRONMAN Kona 世界總決賽，和上千名業餘選手擠在一起等待出發。當職業組出發之後三十分鐘（總決賽的比賽規則，是讓職業組先出發，然後才輪到業餘組），輪到我們全部一起下水。你可以想像一下，好幾千個來自各地的分齡組冠軍在水中，爭先恐後地往前划，踢啊、踹啊、抓啊……尤其老外，都是手長腳長、力氣又大，很多時候還直接從你的頭上游過去，把你壓在水裡。這時候，你當然也要奮力捍衛自己不斷往前游的小小身軀，維持旺盛的鬥志，千萬不要被旁人不經意的後踢而亂了陣腳。

那一次游泳時，我被後面一位選手，在划水時硬生生地將整個指甲插進我的腳板，一小片腳底的肉就翻了起來。當下我沒什麼感覺，直到後來騎車時越來越痛，換穿跑步鞋時才發現有一個指甲的凹洞，一直流血，但我還是設法忘記疼痛，一直快速往前跑……

騎車時也會有不同的狀況。由於長距離鐵人三項有不能輪車的規定，而且超車也有秒數限制，所以就算不同組別，難免大家也會想要廝殺一下。尤其是男子選手，一整個不想被女子選手超越。有時候，我超了他們的車，他們又會從後面追過來，一來一往其實很浪費體力。這時候，就要比看誰的體力好。

之前在英國比賽，和我廝殺的男生竟然不滿我再度超他車，罵我 stupid，我一整個火上來也回罵他，跟他說我只是照規定時間超他車，是在不爽什麼？後來我發狠，把他甩得遠遠的，免得影響我心情。

還有一次比賽，裁判竟然說我和前面的車距不夠遠而警告我。那是一個上坡，我想說我才剛超車，還在拉距離，那麼多老外在前面混在一起，你不去警告他們，警告我這條路上唯一的黃種人，我的英文平常so so，但碰到這種時候就會突然流利起來，幾句抗議之後（我也忘了說些什麼了），裁判盯了我一陣子，沒發現什麼錯誤才摸摸鼻子離開。

我承認，很多時候，因為比賽時間長，選手體力消耗很快，情緒管理不是很好。但碰到被欺負的狀況，我通常不會客氣，尤其在國外比賽，必要時還是需要使出被討厭的霸氣！

更多時候，會碰到很令人動容的選手。譬如二〇一〇年我第一次參加夏威夷世界總決賽時，就遇到一位用手搖腳踏車的身障選手。那時我正踩著覺得無力，他卻滑過我身旁，還鼓勵我要加油，當下一整個被激勵到，加速前行。

除了這些小插曲，大部分比賽的過程，我都是很安靜地專注在自己的狀況。

很多人會問我，跑這麼長時間，心裡都在想什麼？

我說，我會想著李小龍講過的一段話：

Empty your mind, be formless, shapeless - like water. Now you put water into a cup, it becomes the cup, you put water into a bottle, it becomes the bottle, you put it in a teapot, it becomes the teapot. Now water can flow or it can crash. Be water, my friend.

清空你的腦袋，成為無形無狀，像水一樣。當你將水倒在杯中，它就成為杯子；將水倒入瓶中，它就變為瓶子；注入茶壺裡，它就成為那只茶壺。水能流動，水能摧毀。要像水一樣，我的朋友。

影片中講著這段話的他，看起來有點跩，但是這些話對我影響很大。我常常一邊跑，一邊默念這段話。

在這個旅程上，不論碰到什麼事情，不論碰到什麼障礙，唯一可以化解的，就是順應情勢去調整。所以管他什麼地形，管他碰到什麼選手，停止腦子裡焦躁的聲音，讓自己成為因應局勢的存在，專注在當下往前行。

是你們，讓我可以超越自己

感謝一路走來的貴人們

為了舉辦 IRONMAN 年度盛事，Kona 島很多地方都會進行嚴格的交通管制，尤其最後的跑步路線。我們會在 Ali'i Drive 整條封街的狀況下，一路跑回終點，這時候，圍觀的群眾和加油團也會用盡奇招幫參賽者加油，氣氛真的很 high，感覺全島的人都為鐵人三項而瘋狂。在跑步的賽道上，攝影車、記者媒體、轉播車來回穿梭，捕捉著每個奮力奔跑的神情。

「李筱瑜加油！」媽媽、姊姊、導演、朋友們站在一旁大喊。他們應該也在豔陽下站了好幾個小時了吧……

其實，每次比賽在剛開始，或快要跑到終點的時候，我都會想起能夠成就這一切的幕後推手。要成就一個優秀的職業選手，從來不是一個人的事，就像一家公司、一個品牌，都需要專業的團隊長時間共同經營才會開花結果。

我從事三鐵比賽以來，有幸碰到好幾位貴人。第一位貴人，就是台灣當時的三鐵協會。例如當時三鐵協會的劉玉峰理事長和中華田徑協會理事長劉富福等人，因為有他們，我才有代表國家出賽的機會。

另外兩位貴人，則是我的好朋友 Josephine Chang 和 Sue（蘇薔華）。二〇〇八年我成立了「冠軍路跑社」，大家一開始覺得我很臭屁，用冠軍當社團的名字，但其實冠軍是我家狗狗的芳名。會取冠軍這個名字，是因為牠是整窩小狗中最肥的一隻，跟我的比賽一點關係也沒有。我們三人常常一起去參加比賽，幾乎跑遍全台灣，大家個性都很隨和、風趣幽默，常常一起出去玩，變成了一起上山下海的麻吉。

二〇一〇年我說要去參加 IRONMAN China，想要取得世界總決賽的資格，她們兩位就陪我去中國海南島比賽。當年我晉級可以到夏威夷決賽，Josephine 花了好一陣子把所有的資料找好，訂好旅館以及各種安排，和 Sue 一起到夏威夷幫我加油。當時還有一位加拿大朋友 Heather，還從加拿大飛到夏威夷 Kona 一起加油，真是太感動了！二〇一一年我到長城比 North Face 100K，Sue 當時已到中國工作，還專程飛到北京陪我。二〇一三年我在台東比 Challenge Taiwan，Sue 也飛回台灣再次幫我加油打氣。

二〇一一和二〇一二年，Josephine 又請假陪我去了兩趟夏威夷的決賽，幫我打點所有出賽的出國、住宿計畫、查對手資料，還去學開車，方便在當地接送等等，那幾年受到她很多的照顧和協助。

Josephine 和 Sue 應該是對我最講義氣也最包容我的兩個朋友，那時我要出國比 IRONMAN 賽事，她們就會幫我打點，就算我的成績沒有預期得好，也都說沒關係，下次再來就好。我們平常不會講些什麼肉麻的體己話，甚至一直都很搞笑，但是彼此都知道，我們之間那種真誠、舒服的連結是不可割捨的。

在訓練上，我也有個貴人朋友，叫做黃佳君，綽號鐵妹。她是我在北體的學妹，不過是在我畢業後才進去北體的，在學校時沒碰到一塊兒。除了她本身也是健身房教練外，我們一起比三鐵也好多好多年了。她是一個超級超級認真的鐵人，九九%的生活就是工作、練習和比賽。

「學姊，你起床了嗎？」（低沉而嚴肅的聲音）

「學姊，今天要去哪裡練習？」

「學姊早，我們幾點碰面？」

過去好幾年來，鐵妹一直是我的鬧鐘，每天都會不厭其煩地 call 我，邀我一起練習。

「我想再睡一下，好累。」有時候我反而會因為前一天太累而耍賴。

「沒關係，學姊，我等下再 call 你！」

過了半個鐘頭。

「學姊，你起床了嗎？」

比賽完後，當我準備全然沉浸在放鬆的平靜中時，她會冷不防地問：「學姊，什麼時候休閒跑一下？」（握拳＋相當認真的語氣）

真的是超級完美的鐵人訓練夥伴！

我們有幾年常常一起環島，有時沒什麼規畫說走就走，她也很猛，請假之後立刻出發，環島時住哪，也都不介意，比男生還阿莎力。有的男生騎一騎，會說哪裡痛啊不舒服啊就自己回去了，只有她，不離不棄地跟我一起騎。

另一位貴人是 CEEPO 三鐵車的經理 Megan Yang。她真是一位聰明又靈活的經理人，應該也是台灣三鐵車業界的一姐吧，哈哈。在二〇一〇年夏威夷超鐵總決賽時，她看到有個台灣人竟然能拚到總決賽第三名，覺得很詫異，所以推薦 CEEPO 老闆贊助我。有時候，車子或是其他配件需要幫忙，她都會第一時間幫我解決。在我轉成職業的之後，她也主動找許多資源一起幫我。CEEPO的CEO田中信行老先生，也給我在賽事訓練上許多意見，因為他自己也是瘋狂比賽的鐵人，有時候我自己去日本比賽，也頗受他的照顧。想一想，我真的很幸運！

我的姊姊，也是我人生的另一個貴人。我們相差四歲，從小其實沒有玩在一起，平常感情也沒有太好，不會像別人家的姊妹一樣聊個沒完。但是有事情或是重要時刻時，她都會出手。例如我國中、高中曠課太多，她就會出面幫我去找教官「說明一下」；後來，也是她建議我去考北體，一開始來台北讀書，也讓我跟她一起住。我去當時的加州健身房工作，也是她介紹的。有一回訓練時，我忘了帶太陽眼鏡導致沙石飛入眼睛，眼膜嚴重受傷看不見，我一通電話，她就衝到家裡帶我去醫院，還餵我吃飯（因為一時失明）。小至家裡鑰匙沒帶等日常瑣事，她也是接到電話就跑來幫忙。我姊姊很霸氣，但也比較固執，有時意見相左的時候，會對我講一些重話刺激我，當然我聽了難免很內傷、壓力很大，只好出去跑一跑（訓練動力？哈哈），但這也逼得我學會聽聽不同的觀點，思考不同的意見。

轉成職業選手之後，我的另一個貴人就是廣告／紀錄片導演陳惠君。與其說她是我的貴人，不如說她是可憐的倒楣鬼。她貴為在片場呼來喚去的廣告導演，本來吃香喝辣過得相當舒服，不知道哪來的衝動（她覺得「女生當然要幫女生」），便答應我當了我的經紀人／運動經理，從此成為了「拎祖嬤本來是……但為了你……」，開始過起彎腰擦汗的阿信人生。

導演一開始接觸三鐵時是個新手，但她也是熱愛運動多年，還是美國飛輪認證的講師和國家級泰拳裁判，對很多不同運動項目都有涉獵。當她決定出任我的運動經理／經紀人之後，就放下身段從頭開始認識、學習三鐵。不過，我和她也是磨合了好一陣子，才建立起信任與合作的默契。幸好她不像一般傳聞的導演脾氣很大，而是EQ很好的人。根據我側面聽聞她在片場「指導」工作人員的威風，有時會覺得這樣的人才來當三鐵選手的校長兼敲鐘，真是非常委屈。

運動經理／經紀人除了要負責跟廠商鞠躬微笑喬事情，還負責對外公關活動的交涉安排，還兼任外界邀稿時的寫手，有時還要扮黑臉幫選手擋子彈。出國比賽前後，又變身為祕書、司機、導航、翻譯、戰略顧問……。至於沒有比賽的平常時間，則是充當我的助理和心理諮商師，低潮煩悶的時候，幫我分析人事物，說些勵志的話語，還要常常煎牛排煮大餐安慰我訓練疲憊的身心。有時候我都覺得，這個人是不是頭殼有問題，比我還傻還固執，為了我的世界排名目標，不離不棄一起往

au損保
IRONMAN
JAPAN
HOKKAIDO
エイブル

前衛。一開始，她還會趁著我比賽的空檔，抽空飛中國或在台灣接案拍片賺錢以免坐吃山空，但是隨著我的積分賽越來越密集，拍攝廣告的工作就會因為和我的賽期重疊而被迫放棄……

總之，導演的性格中，似乎也和我一樣喜歡挑戰難關、解決問題，所以可以一直堅持下去。比起我，她擁有更多的智慧和耐心，可以轉念和包容，讓我繼續用更積極的心智面對挑戰。

我常常覺得，身旁的朋友或工作夥伴真的很重要，積極的人會給你很好的建議，拉你一把；反之，常常說三道四、不斷抱怨現狀的人，則是會把你拖垮。

這些年來，很多朋友給我許多鼓勵：健身房的可愛學生們（超愛他們的）、張景森先生、黃智玲小姐、汪士林先生……，還有許多不想具名但曾經贊助我的貴人。

謝謝一直支持我的 CEEPO 國內外團隊、ZIV 專業運動太陽眼鏡（這是一家相當用心設計製造的台灣品牌，常常傾聽選手對商品的心得，也同時一起推動台灣各項的三鐵賽事）。

還有歷年來曾經贊助或近年贊助我的廠商：鐵人工廠、SRAM、Zipp 輪組、亞瑟士 Asics、Racing Pro 運動達人、Santini 專業自行車服、Zoot 三鐵服、Bont 車鞋、

右圖，由左至右，分別是：陳惠君、李筱瑜、李筱娟。（圖片提供：陳惠君）

Blueseventy、長庚運動醫學整合推動小組、中華航空公司、台北松山運動中心、Profile Design、Exustar 浩捍公司、microSHIFT 台灣微轉等。

同時要感謝鐵人社團對我的加油，他們常常登高一呼，發起贊助支持我的活動：DWD台灣追不到鐵人三項休閒運動協會、DVTT醫聲論壇鐵人隊。許多企業或民間社團也給予我協助：Keep Walking 夢想資助計畫的帝亞吉歐公司、台灣 Ironman 鐵人公司、後壁高中校友會、Lady's Club 讀書會……。幾個媒體朋友也都會在第一時間關注我的消息：《動一動》雜誌、《民生報》許瑞瑜女士、《蘋果日報》的詹健全先生。

台北也有好幾家單車店曾經給予我裝備技術上的支援：Howard 好樂適車店、PCO樂騎適車店、七號公園自行車店、單車喜客車店、恆星單車、Firday Bike-fit，也很感謝每週六一同自主訓練的北海岸吹風團、在台北近郊山區訓練跑步常常會拉爆彼此的鐵人們……。

這些年透過陳惠君導演的媽媽，認識了一位謝老師，他年輕時是位武術高手，所以懂得很多身體保養和運動鍛鍊的技巧。老人家很疼我，不但幫助我保健身體，也經常提醒我做人的道理，在低潮時候鼓勵我努力向前！

雖然我在國際賽事上一直創下台灣和華人的第一人紀錄，成績也達到了亞洲女子職業選手的顛峰，但是導演和姊姊在找贊助經費時還是常常碰釘子。二〇一五年六月，一群熱血的女鐵人還組成了後援會，運用民間的力量幫我募集經費和舉辦賽事連線造勢等活動，第一次活動是在金山鐵人賽上，四十幾個女生一起舉辦捐品片，幫我募集前進夏威夷總決賽的經費。這些女生在大太陽下站了好幾個小時，嗓子都喊啞了，這還不包括事前的開會準備等。她們異口同聲地說，要讓我可以繼續更好地發揮實力。有了這樣的後援會，能不再認真一點練習和比賽嗎？

她們為了凝聚更多人關注我的賽事，還策畫有趣的賽事現場連線轉播，配合我的比賽，舉辦各種大大小小活動，創意十足，執行力也是一流！她們也在臉書成立李筱瑜後援會的社團，大力宣傳我的故事。沒有她們，我不會跑在夏威夷世界職業總決賽的賽道上，朝著終線前進！

以前，我也碰過一些理念不合或是有誤會的朋友，這些人曾經讓我很火大暴怒，但是轉念一想，其實他們也是我的貴人。因為他們，讓我學到一些寶貴的經驗，讓我更成熟強大。

陽光越來越強，我發力移動雙腿，頸部的傷有點隱隱作痛，那是二〇一三年被摩托車撞的舊傷。

二〇一三年十月把我撞飛的那位機車騎士，我們後來進行了訴訟，法官判他要負刑事責任。我其實對他很生氣，因為他的一個不小心，讓我半年都無法好好訓練，廠商也不再贊助我。雖然回想起當時的情景，我還是很生氣，但我後來決定撤銷民事賠償，讓一切都過去。

「確定要撤銷告訴嗎？」法官有點詫異地問我。

「嗯！」我對法官點點頭。接著我轉頭對被告說：「我花了半年時間復健，這事情也過去很久了，我們就讓它過去吧！以後騎車請小心。」

身形有些壯碩的被告突然站起來對我說：「我真的很抱歉！」接著對我深深一鞠躬。我看著他，走過去跟他握握手。

也許某個程度來說，他也算是我的貴人。因為這場車禍，讓我體驗人生的無常，也激起我更強的鬥志。

「Congratulations! You are the ironman!」離賽事終線越來越近，主持人的激情吶

喊和音樂越來越近，群眾的加油和喧鬧聲也越來越大，我即將跑進終點，結束這場比賽。

這場世界總決賽，代表的是過去每一場比賽所獲得的教訓，每一位為我加油親友的期待鼓勵，每一個訓練夥伴的共同付出，每一家贊助廠商的認可，每一次訓練時的撞牆，每一項必須放棄的犧牲，還有每一刻的沮喪、壓力，每一分所承受的痛及每一秒所吞進的苦。

不知是汗水或淚水，視線開始模糊，心跳聲和呼吸越來越明顯，頓時周圍的一切變得好遙遠……

我只聽到身體擺動的節奏，感覺到陽光在肌膚上跳躍的旋律。時間彷彿回到十七歲車禍癱瘓，那段飽受疼痛折磨、淚水哭盡的日子，忍耐、堅持、煎熬，第一次抬起腳步移動身軀，第一次再度跑步，重新感受清風吹過臉龐、汗水順著雙臂滴落地面，一切是如此緩慢沉重……

卻宛若新生！

「From Taiwan, Shiao-Yu Li...」

asics

7 分享會

看到台灣的運動風氣越來越興盛，我真的很開心。從馬拉松、游泳到自行車賽，都有更多人熱烈參與。演講時也有很多聽眾，會詢問各種關於訓練與比賽的問題，所以我這裡特別整理出平常最常被問到的問題，讓讀者參考。運動真是件美好的事，祝福大家 enjoy 每一個運動的時刻！

Q：跑步，要怎樣才能跑出好成績？

很多人問我，要如何練跑步。我通常會請大家回憶一下：

還記得小時候跑步的感覺嗎？

那是一種放鬆，一種四肢輕快的移動，一種自由律動的感覺。

對，請用那樣的感覺去跑步！

有些人很喜歡用數據配速，我自己不是個計算型的跑者，所以我會參考，但不會當作唯一或是最重要的指標。我自己是偶爾 check 數據就可以了，因為數據是一種很好的參考，但它無法成為我的教練。

我更相信的，是自己的身體！

我做任何的運動或比賽，就算是轉成職業選手，我的動機都是想更了解並且測試自己的體能和極限，而不是一直追求贏過別人。所以長年以來，我養成了對自己身體更加敏銳的觀察和調適：當我跑步時，呼吸的長短急緩、肌肉的放鬆或僵硬、關節的角度，或是內臟腸胃的感受、心智的狀況，都能帶給我許多重要的訊息，讓我自由地調整步伐。

最重要的是，跑步是一種節奏，一種身體自然的律動，要讓自己維持在那樣的律動中，才能越跑越享受，越跑越快，越跑越久。身體的狀況就像天氣一樣，其實常常都在變化，若只是照著數據來跑步，有時候會忽略了身體是活的這個變數，所以就會出現「啊，我前幾天可以用五分速跑二十公里，怎麼今天跑了十八公里就掛了，難道是練得還不夠？」這樣的疑惑。

舉例來說，你今天逼自己用五分速硬撐到二十公里，然後我敢保證，你明天早上起來會覺得更累，肌肉也會更僵硬，而且你很可能因為太累了沒法睡好，但又想繼續練。這一來，你受傷的機率也會提高。久了之後，會覺得沒有進步，甚至開始討厭跑步。

身體是很奇妙的，越放鬆，跑得越輕快，才能享受當下的每一個步伐。請大家記住這一點。

有時候目標沒有達成，也許就是太累或沒準備好，或是肌肉太僵硬等等，那就試著去調整。只要調整好，你就會離目標越來越近，就是這麼簡單！

還沒有轉成職業選手以前，全台灣的很多馬拉松，只要時間許可我都會去參加。但通常不會每場都盡全力，而是邊玩邊跑，不會一直介意這場差了哪一場幾秒，這場又比誰好比誰差。否則，就會失去跑步的樂趣。唯一的例外，是年底的富邦馬拉松。這場我通常會火力全開，因為年底已經要進入恢復期，我都是把這場馬拉松賽當作我當年度實力的測試，看看自己有沒有什麼突破。所以，我往年的最佳成績都是這場。

如果你有固定練習和比賽，要懂得選擇比賽的性質與目標，其他的，就是好好享受跑步的樂趣即可。花太多時間討論多一秒少一秒（短距離的運動賽事，當然就要斤斤計較），或是誰多優秀，誰又不行了，然後又不免和自己比來比去，其實都會徒增無形的壓力，把我們推離跑步的自由和樂趣。

Q：練跑步，跑步機好還是戶外好？

我自己以前一直在跑步機上練習，但在二〇〇四年太魯閣馬拉松學習到經驗之後，才開始常在戶外訓練。這主要是因為，在戶外我們可以挑不同地形做訓練，讓身體適應不同的環境和不同肌群的使用，跑步機無法做到這一點。

我之前常在象山跑，因為離家近，階梯又多，剛好可以鍛鍊體能。如果有機會，我也很喜歡在山裡面野跑，可以欣賞不同的風景，空氣也很新鮮，只是有時候會怕野狗來騷擾或是迷路，所以野跑有伴比較安全（先前在紐西蘭移地訓練時，我曾經自己去森林裡跑步，結果前方出現一個不知是怪獸或是人的金棕色直立物體低吼奔跑……四下無人，嚇得我馬上原路折返）。

另外，選擇適合的鞋款很重要！鞋子的楦頭、底部的設計，以及身體肌肉的延展或緊縮都要考量到，腳的大小甚至也會隨著時間改變，而且還要依據不同的路面、跑步的時間及距離，選用不同的鞋款。現在鞋子的設計和材質每年都有新的進步，加上很多輔助工具，如壓縮腿套、貼布等等，我覺得可以按照每個人的習慣或是身體狀況，盡量試著找出能夠提升自己表現能力的裝備。

但是你平常訓練的時候就要測試這些裝備，不要等到比賽時才使用。

Q：你平常是怎麼練的？你的訓練課表，我可不可以跟著練？

不可以。很多人都跟我索取訓練課表，想要 follow 著練。寫這本書時，出版社也問過我，能不能把我的課表範本公布在書裡，讓大家參考。但我從來不提供，因為我自己也不會採用別人的課表，當然不贊成大家跟著我的課表練習。

要知道，每個人的身體狀況都不一樣，每天的狀況也都會有變化，你的課表我未必吃得下，我的課表也未必適合你。

而且我也建議大家，雖然有課表很重要，但不要過度重視課表。我看過有些人，一旦訂出了課表，就覺得應該要嚴格執行，否則就沒有效果。倘若因為各種原因而無法照著練，就會心情不好，開始牽拖工作、家人（最倒楣的應該是另一半吧），然後就開始吵架、不爽。想想看，生活都不和諧了，訓練怎麼會開心？

我以前也很重視課表，而且很ㄍㄧㄥ，非得照著練不可。但是現實生活中又有好多事情要處理，訓練時間很容易被切割打擾，所以常常有受挫感。我後來體會到一個道理：在我們畫出一格又一格框框的同時，也讓我們自己被牽制，生活也因此失去彈性。

所以，現在我自主訓練時，都會設法保持一個彈性和平衡。通常會先規畫好這一週的訓練，能夠按表操課就盡量執行，不能時就隨機應變。比如說，某一天的天氣不好，無法長途騎車訓練，我就會改做別的訓練，這樣一來，情緒比較不會因為無法照表操課而煩躁不安。

Q：專注一種運動項目，會不會比較好？

如果你問我的話，我的答案是不會。我喜歡從事不一樣的運動項目和比賽，因為覺得這樣很好玩，可以一直運動，也有很多比賽可以參加。

我會建議大家，勇於嘗試不同的運動訓練和比賽，讓自己使用不一樣的肌肉群，整個身體才都會鍛鍊到。而且，不同的訓練可以讓你有機會學習使用不同的技巧，探索自己身心的潛能。再加上，不同的運動項目可以讓你有機會接觸不一樣的工具和知識，就像打開另一扇窗，也能認識不同的運動族群，才不會越運動，生活圈子越狹隘。否則，每天老是盯著自己有沒有進度，去比賽時又一直在意成績好壞，這樣不是活得很有壓力？

身體是靈活的，不要用固定的訓練模式僵化了它的力量。多去試試不同的訓練模式，以及不同教練的教法，找到當下你認為最合適的方式，練一陣子，看看成果如何，有沒有達到你要的目標。然後再來調整。

不要排斥任何模式，也不要因為人家說好就狂練，要用自己的腦子思考，用自己的身體去體驗。讓更多不同的訓練，幫你更了解自己的身體，發展出更多潛在的力量，而不是越訓練越僵硬，越訓練越退步。

運動，就是回到持續有熱情、覺得好玩的初心，回到身體與頭腦在運動中最開心放鬆的狀態！沒有了這個，訓練變成壓力，比賽變成進步的阻力，反而會覺得相當空虛。

Q：你運動時，會很重視各種數據嗎？

會參考，但不會太在意。我前面提過，我不是個計算型的跑者，我更相信的，是自己的身體和意志！

我知道很多選手會一直看數據，一旦數據顯示狀況不理想，而且自己也覺得快爆掉了，會加強心中那種「自己不行了」的感覺。當下次又有相同狀況發生，心裡就開始有陰影，然後就一整個不只撞牆，而是鬼打牆。因為數據告訴你不可以，你就覺得不可以，有些人就此放棄了。

我不是很喜歡一直看數據，還有一個原因，就是：有時候看了反而會讓自己受到影響，自己嚇自己。所以當我撞牆時，我會暫時不去看數據，回頭調整呼吸和身體。重點是：無論怎麼調整，都要繼續下去，鼓勵自己的身體，謝謝它給我們力量。

我有時和男生跑五千公尺，一開始他們都比我快，但是後來卻是我贏了。這並不是我跑得比較快，而是他們自己爆掉、撞牆，然後就放棄了。跑的過程中，我也會掉速度，但是就在那幾秒鐘，我會做調整，再拉回去。要知道，有時候只是你的腦子說不行了，但其實你的身體是還有實力的。

腦子本來就喜歡胡思亂想，數據則是給了腦子很多養分繼續胡思亂想，這時候意念就要出來和自己對話！

我有個同學會催眠，她有次跟我說意念的力量非常強大，並且教我跟自己的身體對話，常常鼓勵自己的身體，感謝它、觀照它。這位同學和我的經紀人陳惠君導演，也曾經提過可以使用「光球」，它很有力量，要我在撞牆的時候用「不同顏色的光」送給自己。但老實說，我當下跑到痛苦到要死的時候，腦子裡根本什麼顏色的光攏嘛忘光光，唯一能做的，就是以超級無比強大的意念告訴自己：「李筱瑜，你一定可以！」

Q：你平常都怎麼吃？有沒有什麼禁忌？

哈哈哈！這應該是我最常被問到的問題了。但我的答案都一樣：隨便吃，營養均衡就好。

認識我的朋友都知道，我並沒有特殊的飲食偏好。頂多是油炸類的少吃，有味精的不吃（吃了會想睡）之外，其他的都隨緣。

早期我還會刻意去買一些營養補給品來吃，例如高蛋白等等。但後來發現，其實我就算沒吃那些補給品，體能也沒有比較差，所以就沒再吃了。

比賽前幾天，我通常會多吃點肉，尤其牛肉，這樣可以讓我覺得比較有體力。比賽當天早上，我通常只喝黑咖啡配香蕉，直到比賽結束才進食。所以為了維持一整天的體力，之前需要補充較多的肉類。

Q：參加長距離比賽，吃什麼補給品最好？

很簡單，平常吃什麼就吃什麼——可以吃任何你覺得能迅速補給能量的食物。

當然，也可以使用能量膠（power gel）等常見補給品，但一定要在平常訓練時就習慣吃這些，而不是比賽時才吃。因為比賽時身體會耗費很大的能量，若是突然吞進一個身體不習慣的補給品，可能會有無法預測的反應。

平常練習時，可以去測試各種不同的營養品，包括一些天然的手作食物。國外現在也有完全使用手作天然食物來當補給的食譜，都可以參考。測試最適合自己的補給品之後，比賽前也一定要模擬過，多長時間需要多少補給品等等，當然也可以參考一些數據資料。但一如我所強調的，要找出最適合自己的方式，了解自己身體當下的狀況然後做判斷，比賽時就不會有太大問題了。

Q：練習後，應該如何調養和修護？

不論是訓練或比賽後，肌肉痠痛或緊繃是難免的，請大家一定要注重之後的伸展，可以透過練習瑜珈或是深層推拿按摩等方式，找到自己覺得適合的方式，讓疲勞的肌肉和筋膜能夠放鬆。

放鬆及修護的步驟絕對不能略過，不要只是一直練一直練，練到肌肉都硬了，怎麼還會有力氣？很多人問我，我跑到腳底筋膜發炎了，我跑到肌肉都縮起來，接下來要怎麼練？

很明顯啊，那就是：該休息了，而不是再硬練了！

去好好放鬆，除了找專業的按摩人員指壓推拿撥筋外，現在也有很多運動復健用的器材，如遠紅外線、低週波等，以及各種不同的物理治療復健技巧和工具，可以輔助肌肉放鬆或減緩發炎狀況。你花那麼多時間操你的身體，難道不應該花時間照顧安撫你的身體嗎？我這麼多年來，試過不同的伸展運動、方式與大大小小的工具，都是為了要好好保養自己的身體，越練越保養，才能讓身體保持在最佳狀態！

雖然這些保養費用不便宜，但有時不要省這些錢，免得省小錢花大錢。很多人，特別是男性，都捨得花大錢買裝備、改配備、保養車子，卻捨不得花錢照顧自己的身體。

要記得，身體才是我們最最重要的裝備，這個道理，應該不用多說吧。

Q：受傷了，該怎麼辦？

面對受傷，首先不要太沮喪。我們平常走路過斑馬線、坐公車、煮飯、洗澡都有可能會受傷，何況是激烈運動？所以，也不要說這個運動危險、那個運動會受傷，怕東怕西的，反而錯失很多體驗好玩事物的機會。

當然，擁有周全的裝備和運動知識技巧是一定要有的，但若是受傷了，最重要的當然是照顧好傷口。倘若有內傷，可以選擇適合自己的調理，最重要的，是要讓身體有時間去恢復。

而且，不要以為既然受傷了，就什麼都不能動。我二〇一三年車禍的隔週，就去騎花東了，因為身體還有其他地方可以動啊，為什麼要像一具屍體那樣躺著什麼都不做呢？

因此，如果在訓練或比賽時受傷了，我的建議是：一，只要能動，就不要躺著，可以嘗試其他的訓練。二，訓練時，把強度降低，暫時別讓身體承受太大負擔。三，整體而言，休息時間還是要多於訓練時間。

還有一點很重要，就是通常當一個運動員受傷，傷的不只是肉體，還有心理。

外界對運動員受傷這件事，通常都會很看衰，認為運動員一旦受傷就無法重返戰場，就算回來也無法再有什麼好成績。當這些冷言冷語和質疑出現的時候，運動員所面臨的處境是很現實和殘酷的。很多運動員受傷後就一蹶不振，有時候並不是生理上的傷所造成的，而是外界的看法或自己喪失了信心和熱情所致。

所以情緒與心志上都要夠堅定，不要輕易被他人的片面說法而打擊到。別人若是說你不行了，自己要很清楚自己的能耐，該沉靜的時候就要沉靜，不用跟著他人的說法動搖。當然，身旁的人若是能用正面能量一起支持、互相鼓勵，那樣的力量絕對也會燃起原本氣若游絲的鬥志！

老實說，我覺得運動員受傷，身體的復原還比較簡單，內心的復原反而比較困難。所以一個傑出的運動員，其心理素質一定要很強，甚至要比身體素質都要強大好幾倍，才不會輕易被外界的人事物動搖。告訴自己忍耐再忍耐，默默做好準備，等候時機再度站起來！

Q：你訓練時會不會撞牆？你怎樣克服？

當然會啊！我的答案也很簡單，就是：能怎麼辦？就放慢速度啊！都已經跑不動了，還要硬逼自己跑嗎？

把速度放慢，呼吸調整好，心跳降下來一點，調整姿勢，讓肌肉放鬆。快歌跳不動，跳慢歌總行吧？就是這個概念。等到身體恢復了一點，再開始調整速度。

總之，假如下一次遇上瓶頸，很簡單，就是慢下來，聽聽自己身體的訊息，調整它，謝謝它，給它鼓勵和安慰，而不是一古腦地操死它。

Q：比賽前的訓練，要注意哪些重點？

最重要的，當然是讓自己吃好、喝好、睡好，把身體調整到最好的狀態。其次，是絕對要避免受傷——受傷了還比什麼？

所以，我通常會在正式比賽前一個月，拉高訓練的強度。然後逐漸降低，直到比賽前一週，訓練的強度只有平常的一半即可。

有些人會在比賽前夕，把訓練強度拉一下，但我認為這樣做反而不好。因為你的身體會因此而疲勞，影響到你正式比賽時的表現。我通常不會在比賽前把自己搞太累，都是比較輕鬆的低強度練習。有的選手會做一些短距離的衝刺，給自己肌肉一點點刺激。

Q：參加國際比賽，有什麼要注意的？

若是在不同國家或陌生的地方比賽，在比賽日前的好幾天就要去適應當地的氣候、水土和食物，並且要去勘查比賽行經的路線，尤其是自行車賽道。哪裡有急轉彎、哪裡有坡、有哪些不同的路面……事先走過能降低摔車的機率，也能更好的調配體力。游泳或跑步也一樣，都要先在賽道中測試水溫水感、跑步的路線……越嚴謹的準備，就能減少意外發生，也因為胸有成竹，可以提升比賽當天的戰鬥力！

另外就是大會的賽前說明會，一定要去聽。因為每場比賽或許因為地形、氣候因素會調整規定，務必了解並遵守。

不論是鐵人三項、馬拉松，或是自行車的大型國際賽，大部分都是選在風光明媚或是很有特色的場地舉辦，所以參賽時，也可以帶著親朋好友一起去，除了幫你加油打氣外，還能順道旅行，見識不同的風土民情，享受美食。平日訓練總要犧牲許多和家人朋友相聚的時光，可以趁這個機會一起出去玩，感情比較不會散^_^。國外大部分會把運動賽事和旅遊結合，也成為一種新的生活型態，所以大家可以用這樣的方式規畫未來的比賽。

比賽的時候，雖然同是競爭對象，但別忘了有機會也給其他參賽者加油打氣，並且用各種形式感謝現場所有加油的群眾、大會工作人員、志工，以及這個成就我們比賽表現的美好大地。

Q：上一場拿冠軍，下一場比賽心理會不會有壓力？

比了那麼多年的不同體育競賽，人生也經歷了很多的起起落落，知道勝敗就像海浪一樣，有上有下，好事壞事都有它的因果和時間。但是一過終點，就是結束了，冠軍又怎麼樣？所以我每次一衝向終點之後，就知道我又邁向另一個起點了！

通常，我都是在衝向終點線的那個當下，才會感到激動興奮，很開心自己盡全力比完了。而比完後，我不會有太多感覺。記得二〇一五年六月七日的那一場日本職業組冠軍，日本教練幫我照完相之後，我就自己默默地拿東西走回飯店，梳洗、整理東西後，就坐在地板上休息。聽著外面賽場不斷傳來的播報聲和音樂，彷彿這一切都跟我無關。

然後，就是下一場比賽了。

我真的只有在比賽當下，心情起伏比較大，因為要和對手互尬，也要隨時臨場因應環境，或跟自己對話等等。一旦衝過終點，心情就平靜了下來。所以，有時候被逼著要我寫賽後心得，都得靠導演在旁邊引導問題並幫我串聯起來，要不然我真的記不了那麼多細節。對我來說，啊比賽不就結束了嗎？

結束，就是下一個開始，無論結果如何，要懂得放下。重新開始準備，記取不足之處去加強，讓下一次的我可以更好。這是我可以一直繼續比賽，並且也很享受比賽的信念。

每一次都歸零：終點，就是起點。

Q：遇到強勁對手時，怎麼辦？

有的人不喜歡碰到比自己更強的對手，但我相反，我都會希望遇到比自己厲害的人，才可以激發自己更強大的潛能，讓自己越來越強。

強勁的對手，是來幫助你提升實力的。所以不要害怕碰到強手，假如會害怕這種對手，根本就不用下場去比，回家看電視吃零食就好了，何必那麼辛苦出來比賽？

碰到強手，就一直去追就是了。就算這次追不到，回去好好訓練，下次再追。我因為有這種遇強則強的鬥志，所以才能常常反敗為勝。

有的人比賽時，得失心較重，因為他的目的就是為了贏別人，搞得自己很緊張。這種選手一心一意只想贏別人，並不明白其實這麼一來，主控權就在別人手上，你只能冀望對方變弱、運氣不好或出了什麼狀況。這樣去比賽，當然心理會不踏實，而且就算贏了這一次，下一次又會開始焦慮會不會有別的選手更厲害，惱怒自己不行，久而久之，也會對別人怎麼看自己越來越敏感。當各種負面情緒一起湧進來，訓練越練越不踏實，越比賽越狹隘，最後就是自己乾脆選擇退場。

可是我通常不會去想對手怎樣，而是一直深信：我是為了超越自己而去比賽的，主控權在我自己手上，對手只是一個刺激我更努力的角色，而不是一種威脅。對我而言，只要超越自己，成績一定會更好！

所以，我通常記不得哪一場比賽拿了冠軍，而是記得哪一場成績突破了自己的紀錄，或是創下最佳成績。那樣的目標，才是我想一直追求的。

話說回來，我倒是很喜歡扮演那種具威脅性的選手。因為我是女生，加上腿短皮膚黑，一整個就很不起眼。當我落後時，就會一直猛追，而且是很具壓迫性的往前追，帶著風風火火「我可以」的氣勢！

我相信，許多心態積極的選手在當下受到威脅的時候，也會被激發出許多的潛能，大家互為對手，但是實際上是幫助彼此更上一層樓的最佳幫手，互相成就對方的卓越。所以，如果這是一場輕鬆的比賽，其實一點意思都沒有，拿了冠軍，那又如何？

越難的比賽、越強的對手，我越喜歡，能夠挑戰極限的，更是我的最愛。我想要和全世界最厲害的高手競爭、學習，逼自己進步再進步。對我來說，這才是這麼多年來我還繼續比賽的真正核心價值。

Q：什麼情況下，會決定棄賽？

我生平唯一的一次棄賽，是一場馬拉松比賽。那次我週六才比完一場自行車，隔天又繼續比一場全馬，由於前一天真的累，又加上交通往返，跑到一半就開始頭暈，走路都走不直。這時有個裁判在旁邊說：「好啦好啦，不要比了，都那麼累了，休息吧。」（我後來懷疑他根本就是其他選手的教練或是親友團什麼的，哪有裁判勸選手說不要比了？）

畢竟，那是很誘人的選擇。當身體累得半死，有人叫你休息，其實是壓垮駱駝的最後一根稻草。因為只要一棄賽，痛苦就會馬上結束，就可以舒舒服服地坐下來，享受一杯可樂或食物，有人會來安慰你，關心你；而若是繼續苦撐，每一個關節、每一寸肌肉都在喊疼，每一個小小的移動都刺激著身上的痛覺。當時，我的腦海對照著這些舒服與痛苦的畫面後，就選擇棄賽了。

但當我停下來的那一刻，我就後悔了！那一次棄賽的陰影，跟著我好久，每當我比賽碰到撞牆，各種「休息吧，沒關係，只是一場比賽而已……」的聲音就像惡魔一樣，在我耳邊溫柔地催眠著我。我花了很大的力氣，才克服這些魔咒。

說放棄，只要一句話；堅持下去，卻需要一輩子。

所以，後來的所有比賽，我再也沒有棄賽過。再怎麼痛苦——不論是嘉峪關那一場肩膀撞到腫起來，太浩湖那一場冷到肌肉痙攣，或是 Ironman Malaysia 狂拉肚子——我都抱持著一個信念：再怎麼樣，老娘爬也要爬到終點！

何況，現在 Ironman 比賽都有即時報導，那麼多鄉親父老在線上查我的成績，我總不能比著比著突然棄賽吧？一想到大家看著我DNF（Did not finish，中途棄賽）就一整個傻眼，我可不敢辜負大家對我的期望。

別看我平常很愛搞笑，我可是很有榮譽感的。

我在 Ironman Malaysia 認識的德國選手 Diana Reisler，她是那次的冠軍。後來我們在西班牙那場也碰到，變成好朋友。她說，她曾經有次自行車比賽因為交通指揮的失誤，撞到行駛的公車，鎖骨斷了，但她還是繼續比，直到因為太痛而停下來。當救護人員和裁判說，她傷勢太嚴重不能再比下去時，她當場大哭。我們問她為何哭，是太痛嗎？她說，不是，是因為不能繼續比賽了！

當然，有時身體真的發生問題了，還是必須聽從醫護人員的建議休息治療，但是在心智上，絕對不能自己先放棄！有很多選手，參加比賽的目標就是為了贏誰，一旦知道贏不了，就索性棄賽，這種心態我一直都覺得很不ＯＫ。這樣會讓比賽變得很功利，也失去了運動的精神。就算你中途爆掉，慢慢走，也是可以走回終點的，幹嘛放棄呢？成績難看就難看，畢竟也是一次經驗，下次再碰到這種狀況，就能記取經驗去克服。不要一心只想著這次的成績，跑爛了，回去再好好練，超越這一次的自己不就好了？

有的人說，業餘組又不是職業組，棄賽應該沒關係。不過，沒有人天生就是職業組，大家都是從業餘開始玩的。所以，還是不要輕易養成壞習慣，而且之前訓練那麼久來參加比賽，就是要準備來棄賽的嗎？應該不是吧。

去過好多大型的國際三鐵賽，好多業餘組的老外，都是拚到最後一分力氣，一衝進終點就直接趴倒在地上。他們不會選擇倒在尚未抵達終點前的賽道上面，而是撐到最後一刻，一心一意到達終點！

不棄賽，下次就有機會再進步；棄賽，就只能進入一個常常自動自發地放棄自己的輪迴中。

無關勝負輸贏、面子或別人的看法，想要超越自己，就要堅持到底！

Q：職業運動，只適合三十歲以前玩？

很多人都這樣認為，但我覺得這只是一種迷思。

當年，我想進入國家隊參加亞運，有評審委員就說我年紀太大了，已經二十九歲不適合參加。但當時比起其他年輕的選手，同樣的距離，我的成績是最好的。所以，年紀並不代表什麼。

我三十五歲想要轉成職業選手，很多人也說年紀那麼大了，還要轉什麼職業的？結果我年紀越大，成績越好，接下來的三十六、三十七、三十八歲，都拿到職業組冠軍，而且成績也一直進步著，這又該怎麼說呢？

運動真的不是靠蠻力，很多人都以為越年輕就越吃香，若是以蠻力就能稱霸的項目，那的確是青春肉體比較占優勢。但多數運動項目不論是團體或個人賽，都要結合智慧、經驗、技巧、心志，甚至是內在的人格特質，才能獲得最後的好成績。

我深深相信，心理的素質能夠大幅提升身體素質，善用心志的力量，能激發我們身體的潛能——一旦發揮出來，我相信連你自己都會感到驚訝。

運動員的心理素質決定了一切。不論你是在訓練或是比賽，儘管去追求進步，如果有別人告訴你，年紀太大不行，那是因為很多人真的是年紀一大就疏於各種運動鍛鍊和保養，身體狀況每下愈況。但是，你不一樣。

所以，行或不行，就看你是聽信別人的話，或是要自己去證明！

事實上，現在營養學、運動科學、中西醫都很進步，生理年齡原本就有延緩老化的趨勢。若是情緒又調養得宜，整個生理狀況都可以比實際年齡年輕十歲以上，甚至比以前都還年輕。像我就覺得，現在的我比二十幾歲時的狀況更好，一整個可愛又青春！

很多二二六公里超鐵賽的男女職業組世界冠軍，都是在三十五～四十歲這個階段。因為這個年紀擁有更穩定沉著自在的心智，忍受得了長時間訓練的孤單無聊，比賽的經驗和技巧也都很豐富，對自己的身體也相當了解，同時也懂得自律，知道好好愛自己。

因此，長距離選手和短距離選手的性格其實是不一樣的。長距離比賽比較像是一種修行，某種程度和靜坐念經是一樣的感覺，只是我們不只修心，還加上要修身，把持續重複修行精進的精神放在運動中，枯燥無聊是必然的。但這就像滴水穿石，需要時間的累積，所以年紀反而不是問題。

以功夫為例，打外家拳很硬很強，架勢十足，靠的是力氣，打起來很容易就會內傷。而內家拳，比如太極拳的師傅，幾乎都有個年紀，外表看起來沒什麼，但是一個不察就能借力使力把你推出去，他們靠的就是扎實的基本功、經驗、智慧等內在的力量。

所以，年輕的選手應該感到很開心，因為運動生涯可以很長，可以好好享受超越自己的生命歷程！

至於年長的選手更應該覺得感恩，因為年輕時的風風雨雨，練就了你更堅韌的性格和人生的智慧，如今可以身心運用自如，創造顛峰成為傳奇，樹立後輩可以學習的好模範！

後記

人生就像一場永無止盡的修行

寫這本書，除了分享我的生命經驗，也是因為鐵人三項在台灣是較為冷門的項目，希望透過這本書，告訴大家這個運動的細節和精神。

只要目睹過國際超級鐵人三項賽（全程長達二二六公里）的人，就會知道這個運動最令人感動的，不只是排在前幾名的那些優秀選手們，還包括了所有站在起跑點上、奮力衝向終點的不同膚色種族、不同年齡體態、不同性別樣貌的參賽者！來比二二六超鐵賽的人，大部分都不是為了爭第一名，而是為了完成一個願望：有的是為了改造自己，有的是為了幫助別人。從報名的那一刻起，為了順利完賽而流汗訓練，砥礪自己，我看見每一個參賽者後面，都有一篇動人的樂章。

我覺得，這種精神是很值得鼓勵的，每一個人都可以為自己的生命，設定一項挑戰，只要有規畫，按部就班、自我要求、堅持不放棄，我相信每一個人都能完成目標，實現夢想！

我向來不會還沒嘗試一件事，就先覺得自己弱或是不如別人。很多人常會說自己不行，都是因為自己的頭腦限制了自己的能力。我不願意被限制，我想證明在歐美風行的運動項目，亞洲人照樣可以和他們一較高下。我喜歡不斷突破，勇於作夢，並在設好目標、確定信念後，透過嚴謹的自制力，沉穩前行，做一個心裡有光的人。

最後我要謝謝我的家人：媽媽和姊姊李筱娟。我因為常年訓練比賽，和她們相聚的機會很少，謝謝她們的體諒和默默地支持！也很謝謝 Trisha 陳惠君導演，我的好戰友也是我的經紀人，這三年沒有她花費精力和時間努力地寫，這本書不可能完成。在這期間，很多人一直催促我們趕快完成，但是我們不想給大家看一個速成表面的東西，所以花了點時間，謝謝您們的耐心等待！謝謝您們閱讀並分享小短腿的故事。

人生就像一場修行，我們一起努力前行吧。

國家圖書館出版品預行編目（CIP）資料

小短腿來了！: 三鐵一姐李筱瑜的鐵人之路 / 李筱瑜，陳惠君著. -- 初版. -- 臺北市：早安財經文化，2015.10
面； 公分. --（生涯新智慧；40）
ISBN 978-986-6613-74-6（平裝）

1. 李筱瑜 2. 臺灣傳記 3. 三項運動

528.9474 104016650

生涯新智慧 40

小短腿來了！

三鐵一姐李筱瑜的鐵人之路

Here Comes Shiao-Yu Li

作　　者：李筱瑜、陳惠君
封面攝影：王嘉菲
內頁攝影：Diego Santamaria（P113）、FinisherPix（P204）、Joyce Chang（P169）
千葉智雄（P10, 125）、王嘉菲（P46, 72, 222）、陳惠君（P19, 104, 161, 241）
特約編輯：莊雪珠
封面設計：Bert.design
責任編輯：沈博思、劉詢
行銷企畫：陳威豪、游荏涵

發 行 人：沈雲驄
發行人特助：戴志靜、黃靜怡
出版發行：早安財經文化有限公司
台北市郵政 30-178 號信箱
電話：(02) 2368-6840　傳真：(02) 2368-7115
早安財經網站：http://www.morningnet.com.tw
早安財經部落格：http://blog.udn.com/gmpress
早安財經粉絲專頁：http://www.facebook.com/gmpress

郵撥帳號：19708033　戶名：早安財經文化有限公司
讀者服務專線：(02)2368-6840　服務時間：週一至週五 10:00-18:00
24 小時傳真服務：(02)2368-7115
讀者服務信箱：service@morningnet.com.tw

總 經 銷：大和書報圖書股份有限公司
電話：(02)8990-2588
製版印刷：中原造像股份有限公司
初版 1 刷：2015 年 10 月

定　　價：380 元
I S B N：978-986-6613-74-6（平裝）

ZIV
100%MIT
ZIV